TONGJIXUE YUANLI JIETI SILU YU FANGFA

统计学原理
解题思路与方法

（第三版）

黄思霞 主 编

姚振美
曾锋元 副主编

中山大学出版社
·广州·

版权所有 翻印必究

图书在版编目（CIP）数据

统计学原理解题思路与方法/黄思霞主编；姚振美，曾锋元副主编. —3版. —广州：中山大学出版社，2009.9
ISBN 978-7-306-03436-6

Ⅰ. 统… Ⅱ. ①黄…②姚…③曾… Ⅲ. 统计学—解题 Ⅳ. C8-44

中国版本图书馆 CIP 数据核字（2009）第 144913 号

出 版 人：叶侨健
策划编辑：邹岚萍
责任编辑：邹岚萍
封面设计：贾 萌
责任校对：曾育林
责任技编：黄少伟
出版发行：中山大学出版社
电　　话：编辑部 020-84111996，84113349
　　　　　发行部 020-84111998，84111981，84111160
地　　址：广州市新港西路 135 号
邮　　编：510275　传　真：020-84036565
网　　址：http://www.zsup.com.cn
　　　　　E-mail: zdcbs@mail.sysu.edu.cn
印 刷 者：广州市友盛彩印有限公司
规　　格：880mm×1230mm　1/32　6.25 印张　156 千字
版次印次：2000 年 3 月第 1 版　2001 年 2 月第 2 版
　　　　　2009 年 9 月第 3 版　2019 年 8 月第 25 次印刷
印　　数：149001-152000 册　定　价：20.00 元

如发现本书因印装质量影响阅读，请与出版社发行部联系调换

第三版前言

统计是认识客观世界的重要手段，统计学原理是经济类各专业的基础课程，它是研究统计资料的搜集、整理和分析的一般原理和方法。学习统计学原理，掌握基本理论、基本方法和基本技能的目的在于应用，因此，加强作业练习是学习这门课程的一个重要环节，这对于提高学员的判断能力、研究能力、表达能力都有很大的好处。《统计学原理解题思路与方法》一书正是为了这个目的而编写的。该书与电大教材《统计学原理》（第4版）（黄良文、陈仁恩主编，中央广播电视大学出版社2006年6月出版）的内容体系是一致的，适合参加电大统计学原理学习和考试的学生学习之用；也可供其他自学者作为学习的辅导材料。

《统计学原理解题思路与方法》一书，自2000年出版以来，深受学生欢迎，反映良好，使用时间已长达9年。它满足了电大开放办学、学生自主学习的需要，有利于加强学生的作业练习，在提高学员的判断能力、解题能力和表达能力等方面起到了很大的作用。

为了与社会经济的发展情况以及课程考核改革的要求相适应，本次修订主要对该书的第三编综合练习题的一些数据，以及第四编模拟考试的形式、题型等作了必要的修改，使其各类题型更具针对性和完整性，便于教学和学生应考。

书中不足之处，请读者批评指正。

编 者

2009年6月

再版前言

《统计学原理解题思路与方法》一书,是为参加电大统计学原理学习的经济类各类学生而编写的。它满足了电大开放办学、学生自主学习的需要,经过2000年春、秋两季学生使用,反映良好。它有利于加强学生的作业练习,在提高学员的判断能力、解题能力和表达能力等方面起到了很大的作用。

为了适应中央电大2001年实施的标准化考试的要求,我们主要对该书的第三编综合练习题作了必要的修改,使各类题型更具针对性和完整性,便于教学和学生应考。书中不足之处,请读者批评指正。

编 者

2001年1月

前　　言

统计是认识客观世界的重要手段。"统计学原理"是经济类各专业的基础课程，它是研究统计资料的搜集、整理和分析的一般原理和方法。学习"统计学原理"，掌握其基本理论、基本方法和基本技能的目的在于应用，因此，加强作业练习是学习这门课程的一个重要环节，对于提高学员的判断能力、研究能力、表达能力都有很大的好处。《统计学原理解题思路与方法》一书正是为了这个目的而编写的。该书与电大教材《统计学原理》（修订本）（黄良文、陈仁恩主编，中央广播电视大学出版社 *1996* 年 *10* 月出版）的内容体系是一致的，适合参加电大统计学原理考试的各类学生学习之用，也可供其他自学者学习参考。

本书分为四编，第一编教学指导，介绍了各章的学习目的、主要知识点及教学的具体内容；第二编练习题解题思路与方法，分为两部分：第一部分介绍统计学原理练习和考试中各种题型的答题要求和方法，第二部分按章选择有代表性的例题进行分析，提供解题思路与方法，帮助学生掌握答题的技巧；第三编综合练习题，所设计的习题力图覆盖教学的主要内容，并谋求一定的深度和难度，希望学生通过这些习题的训练，能较快而扎实地掌握统计学原理的基本概念、基本理论和方法；第四编模拟试题，旨在给学生提供一个自测的机会，用以了解本课程考试的特点，检测自我学习的效果。

本书由广东电大副教授黄思霞组织广东电大及所属各市电大统计学科组的教师参加编写而成。参加本书编写的教师有：王小美（佛山电大）、王建阳（广东电大）、叶畅谋（高要电大）、牟宗红（韶关电大）、肖国云（肇庆电大）、陈达伟（江门电大）、陈钟麟（汕头电大）、姚振美（深圳电大）、曾锋元（广州电大）、黄思霞（广东电大）。本书由黄思霞担任主编，姚振美、曾锋元为副主编，负责全书的审定、修改、总纂和定稿工作；王建阳老师为书稿的整理、修改做了大量的工作；陈钟麟老师对本书内容的组织和编排提出了宝贵的意见。

本书在编写过程中，得到了广东电大张长荫副校长，开放教育导学中心主任郭文瑞、副主任王江和陈显强的大力支持，开放教育资源中心主任蔡少颜为本书的编写做了细致的组织工作，中山大学出版社的谭广洪副总编及邹岚萍编辑对本书的出版给予了支持和指导，我们对此表示衷心的感谢。

由于编者水平有限，以及时间仓促，书中难免存在不足或不当之处，恳请专家和读者批评指正。

编 者

2000 年 1 月 12 日

目 录

第一编 教学指导

第一章 统计总论 …………………………………………（1）
第二章 统计调查 …………………………………………（4）
第三章 统计整理 …………………………………………（8）
第四章 综合指标 …………………………………………（11）
第五章 抽样估计 …………………………………………（16）
第六章 假设检验 …………………………………………（19）
第七章 相关分析 …………………………………………（22）
第八章 指数分析 …………………………………………（25）
第九章 动态数列分析 ……………………………………（30）
第十章 统计的综合分析与评价 …………………………（33）

第二编 练习题解题思路与方法

第一部分 各种题型的解题思路 …………………………（35）
第二部分 各章常见题型分析 ……………………………（42）
第一章 统计总论 …………………………………………（42）
第二章 统计调查 …………………………………………（45）
第三章 统计整理 …………………………………………（48）
第四章 综合指标 …………………………………………（55）
第五章 抽样估计 …………………………………………（63）
第六章 假设检验 …………………………………………（71）
第七章 相关分析 …………………………………………（74）

第八章　指数分析 ………………………………………（78）
第九章　动态数列分析 …………………………………（85）
第十章　统计的综合分析与评价 ………………………（91）

第三编　综合练习题

第一章　统计总论 ………………………………………（94）
第二章　统计调查 ………………………………………（99）
第三章　统计整理 ………………………………………（103）
第四章　综合指标 ………………………………………（110）
第五章　抽样估计 ………………………………………（118）
第六章　假设检验 ………………………………………（123）
第七章　相关分析 ………………………………………（126）
第八章　指数分析 ………………………………………（131）
第九章　动态数列分析 …………………………………（137）
第十章　统计的综合分析与评价 ………………………（145）
综合练习题参考答案 ……………………………………（147）

第四编　模拟试题

模拟试题Ⅰ ………………………………………………（168）
模拟试题Ⅱ ………………………………………………（171）
模拟试题Ⅲ ………………………………………………（175）
模拟试题Ⅳ ………………………………………………（179）
模拟试题参考答案 ………………………………………（184）

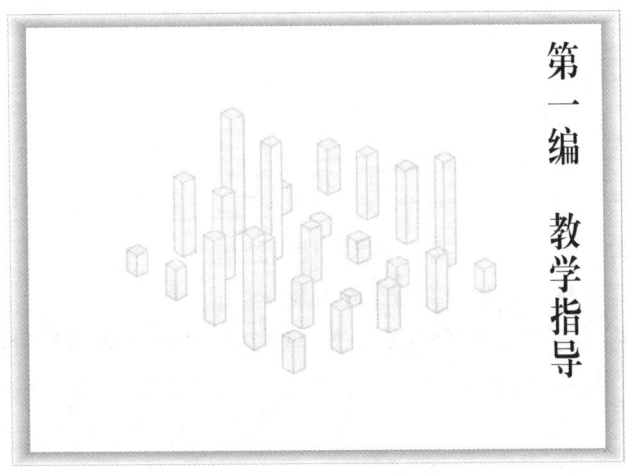

第一编 教学指导

第一章 统计总论

一、本章学习目的

☆ 基本认识社会经济统计学的对象、特点和作用

☆ 掌握社会经济统计学的研究对象及其特点

☆ 了解社会经济统计学的学科性质、统计活动过程和统计研究的基本方法

二、主要知识点

☆ 统计学的研究对象与研究方法

☆ 统计学的基本概念

☆ 统计的组织与管理

三、教学要点

（一）统计的含义

1."统计"的三个含义

$$\text{统计} \begin{cases} \text{统计工作} \\ \text{统计资料} \\ \text{统计学} \end{cases}$$

2. 三个含义之间的关系

（1）统计工作与统计资料是统计活动与统计成果的关系。

（2）统计工作与统计学是统计实践与统计理论的关系。

（二）统计学的研究对象及特点

社会经济统计的研究对象是社会经济现象总体的数量特征和数量关系，其特点表现在数量性、总体性和变异性三个方面。

（三）统计学的研究方法

在对社会经济现象数量方面进行研究的过程中，应用的统计研究方法有大量观察法、统计分组法、综合指标法、统计模型法、归纳推断法等方法。

（四）统计学的基本概念

1. 统计总体与样本

（1）统计总体。统计总体是根据一定的目的要求所确定的研究事物的全体，它是由客观存在的、具有某种共同性质的许多个别事物构成的整体。统计总体有大量性、同质性和变异性三个基本特征。

总体单位是构成总体的个体单位，它是总体的基本单位。

统计总体和总体单位所指的具体内容不是固定不变的，而是随着研究目的的不同而变化：统计总体可以变为总体单位，总体单位可以变为统计总体。

（2）样本。通常将所要研究的事物全体构成的总体称为全及总体。从全及总体中抽取出来，作为代表这一总体的部分单位组成的集合体称为样本。样本也是由许多的单位构成的，由样本单位组成的总体称为抽样总体。

2. 单位标志和标志表现

（1）概念。单位标志是总体中各单位所共同具有的某种属性或特征。或者说，单位标志是说明总体单位属性或特征的名称。

标志表现是标志特征在各单位的具体表现。如果说标志是统计所要调查的项目，那么标志表现则是调查所得的结果。

（2）分类。标志按其特征不同分为品质标志和数量标志两种。品质标志表明单位属性方面的特征，只能用文字加以表现；数量标志表明单位数量方面的特征，可以用数量多少来表现。

如要调查一个学校每个学生的基本情况，则其主要标志及标志表现如图 1-1 所示：

$$\text{总体单位} \rightarrow \text{每个学生} \rightarrow \text{标志} \begin{cases} \text{品质标志} \begin{cases} \text{性别} & \text{女} \\ \text{民族} & \text{汉} \end{cases} \\ \text{数量标志} \begin{cases} \text{年龄} & 18\ \text{岁} \\ \text{成绩} & 85\ \text{分} \end{cases} \end{cases}$$

$$\qquad\qquad\qquad\qquad\qquad\qquad\downarrow\qquad\quad\downarrow$$
$$\qquad\qquad\qquad\qquad\qquad\text{标志名称}\ \ \text{标志表现}$$

图 1-1　某学校学生主要标志及标志表现

3. 变异、变量和变量值

在统计总体中，一个标志在各个单位的具体表现各不相同，这个标志便称为可变标志。可变标志的属性或数值由一种状态变到另一种状态，统计上称为变异。

变量是指可以用数量表现的数量标志和统计指标；变量值是指变量的具体取值。按变量值的连续性不同，变量分为连续变量和离散变量。连续变量是指其数值是连续不断的，相邻两值之间可以无限分割，无法一一列举；离散变量是指其数值只能以整数断开的变量。

4. 统计指标和统计指标体系

（1）统计指标的概念、特点和分类。统计指标是反映实际存在的社会经济现象总体某一综合数量特征的社会经济范畴，也可以说统计指标是指反映实际存在的一定社会总体现象的数量概念和具体数值。统计指标具有具体性、可量性和综合性三个特点。统计指标按其表现形式和作用的不同，分为数量指标和质量指标，凡是反映社会经济现象的总规模水平或工作总量的统计指标，称为数量指标；凡是反映社会经济现象的相对水平或工作质量的统计指标，称为质量指标。

（2）统计指标体系的概念。统计指标体系是指各种相互联系的指标群所构成的整体，用以说明所研究的社会经济现象各方面相互依存和相互制约的关系。统计指标体系可分为国民经济基本统计指标体系和专题统计指标体系。

（五）统计的职能

国家统计的职能包括信息职能、咨询职能和监督职能。我国《统计法》和《统计法实施细则》的颁布实施，为统计职能的发挥提供了法律的保证。

第二章　统计调查

一、本章学习目的

☆ 明确统计调查是统计工作全过程的第二阶段，这一阶段的主要工作内容是根据研究的目的搜集资料

☆ 掌握各种调查方法的特点、应用条件，并能根据实际情况采用适当的调查方法

☆ 掌握统计调查方案应包括的内容

二、主要知识点

☆ 统计调查的任务和要求
☆ 统计调查的种类
☆ 统计调查方案
☆ 统计调查方法

三、教学要点

（一）统计调查的含义和基本要求

统计调查是按预定的统计工作任务，采用科学的调查方法，有组织有计划地从客观实际中搜集资料的过程。它是统计工作的基础环节，是统计分析的前提。统计调查的基本要求是准确性和及时性。

（二）统计调查的种类

$$
\text{统计调查}\begin{cases} \text{组织形式}\begin{cases}\text{统计报表}\\ \text{专门调查}\end{cases}\\ \text{被研究总体的范围}\begin{cases}\text{全面调查}\\ \text{非全面调查}\end{cases}\\ \text{调查登记的时间是否连续}\begin{cases}\text{连续调查}\\ \text{不连续调查}\end{cases}\\ \text{搜集资料的方法}\begin{cases}\text{直接观察法}\\ \text{报告法}\\ \text{采访法}\end{cases}\end{cases}
$$

在全面认识统计调查的分类方法后，要注意区别以下几对概念。

1. 全面调查和非全面调查

全面调查是指被研究总体的所有单位都要无一例外地进行调查，非全面调查则是对被研究总体的一部分调查单位进行调查。

非全面调查主要包括抽样调查、重点调查和典型调查等几种调查方法。

2. 连续调查和不连续调查

连续调查是随着被研究现象的变化,连续不断地进行登记;它所获得的资料说明了现象发展过程,体现现象在一段时期的总量。不连续调查是间隔一段相当长的时间所进行的登记;它所获得的资料说明了现象在某一时刻或某一天的数量。

(三) 统计调查方案的主要内容

统计调查方案主要包括六个方面的内容:调查目的、调查对象、调查项目、调查表、调查时间和时限、调查的组织工作。学习时要着重掌握以下内容。

1. 调查单位和报告单位的区别

调查单位是构成调查对象的每一个单位,是进行登记的标志的承担者;报告单位也叫填报单位,它是提交调查资料的单位,一般是基层企事业组织。两者的关系有时一致,有时不一致。①有时一致是指两者为同一单位。如工业企业普查,每个工业企业既是调查单位,又是填报单位。②有时不一致是指两者非同一单位。如工业企业设备普查,每一台设备是调查单位,而填报单位则是设备所在的每一个工业企业。

2. 调查时间和调查时限的区别

调查时间是调查资料所属的时间。如果所要调查的是时期现象,调查时间就是资料所反映的起止日期;如果调查的是时点现象,调查时间就是规定的统一标准时间。调查时限是指进行调查工作的期限。

(四) 统计调查方法的种类和特点

1. 普查

普查是专门组织的、一般用来调查属于一定时点上社会经济现象数量的全面调查。它的特点表现在四个方面:①它是一种不连续调查；②它是全面调查；③普查能解决全面统计报表不能解决的问题；④普查要耗费较大的人力、物力和较长的时间，因而不能经常进行。

2. 抽样调查

抽样调查是一种非全面调查，它是指按照随机的原则从总体中抽取部分单位进行观察，用以推算总体数量特征的一种调查方式。其特点表现为：①它是一种非全面调查；②它是按照随机原则从全部总体单位中抽选调查单位。

抽样调查方法的优越性表现在它的经济性、时效性、准确性和灵活性上。抽样调查的基本组织形式有：简单随机抽样、类型抽样、等距抽样和整群抽样。

3. 统计报表

统计报表是指按国家统一规定的表格形式、统一的指标项目、统一的报送程序和报送时间，自下而上逐级向国家和各级领导报告国民经济基本统计资料的一种报告制度。统计报表具有统一性、全面性、周期性和相对可靠的特点。

4. 重点调查

重点调查是专门组织的一种非全面调查，它是在所要调查的全部单位中选择一部分重点单位进行调查。所谓重点单位，是着眼于现象的量的方面，尽管这些单位在全部单位中只是一小部分，但是它们的某一标志的标志总量在总体标志总量中占有相当大的比重。

重点调查有以下特点：①它的实质是范围比较小的全面调查，其目的是反映现象总体的基本情况；②重点单位的选择着眼于它所研究现象的主要标志总量的比重，因而它的选择不带有主观因素；③重点单位对于总体来说最具代表性，但不能拿来推断总体。

5. 典型调查

典型调查是指在对现象总体进行初步分析的基础上，有意识地选择若干具有代表性的单位进行调查，借以认识事物发展变化规律的一种非全面调查方法。它的特点是：调查单位是根据调查的目的和任务，在对现象总体进行全面分析的基础上有意识地选择出来的。

第三章　统计整理

一、本章学习目的

☆ 明确统计整理是统计工作全过程的中间环节，起着承上启下的作用

☆ 掌握统计整理的基本方法，为进行统计分析提供条件

二、主要知识点

☆ 统计整理的意义和方法
☆ 统计分组的方法
☆ 分配数列的编制
☆ 统计表的构成和种类

三、教学要点

（一）统计整理的意义和方法

这是根据研究任务的要求，对调查所搜集的原始资料进行分组、汇总，使其条理化、系统化的工作过程。对于已整理过的初级资料进行再整理，也属于统计整理。统计整理的方法有分组、汇总和编表等。

（二）统计分组

1. 统计分组的概念和种类

统计整理的关键是统计分组。根据统计研究任务的要求和现

象总体的内在特点,把统计总体按照某一标志划分为若干个性质不同但又有联系的几个部分,称为统计分组。统计分组可以按分组的任务和作用、分组标志的多少以及分组标志的性质等方面来进行分类。

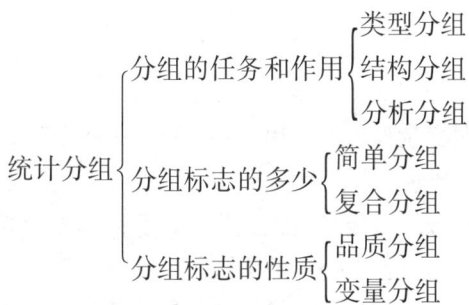

2. 选择分组标志的原则

正确选择分组标志是统计分组的关键。分组标志是进行统计分组的依据。正确选择分组标志必须遵循两个原则:①紧扣统计研究的目的;②抓住具有本质性的区别及反映现象内在联系的标志来作为分组标志。

3. 统计分组的方法

根据分组标志的性质不同,统计总体可以按品质标志分组,也可以按数量标志分组。主要掌握按数量标志分组的有关内容。

(1) 单项式分组和组距式分组,组距、组限和组中值。离散型变量如果变量值的变动幅度比较小,则我们可依次将每一个变量值作为一个组,这种分组称为单项式分组。组距式分组就是把整个变量值依次划分为几个区间,每一个区间作为一个组。区间的距离(每一组的最大值和最小值之差)称为组距,而每一组两端的数值称为组限,其中最大值称为上限,最小值称为下限。而上限与下限之间的中点数值称为组中值。组中值的基本计算方法为:

$$组中值 = \frac{上限 + 下限}{2}$$

开放式组距的组中值为：

$$\text{缺下限组的组中值} = \text{本组上限} - \frac{\text{邻组组距}}{2}$$

$$\text{缺上限组的组中值} = \text{本组下限} + \frac{\text{邻组组距}}{2}$$

（2）各种分组形式的采用。包括单项式分组和组距式分组的应用条件、组限的划分方法。根据离散变量和连续变量的不同特点，在分组时，离散变量如果变动幅度小，可以采用单项式分组；如果变动幅度大，则应采用组距式分组。而连续变量由于无法逐一列举其数值，其分组只能是组距式分组，在连续变量的分组中，上一组的上限同时也是下一组的下限。凡遇到单位的标志值刚好等于相邻两组的上下限时，一般把此值归并到作为下限的那一组。

（三）分配数列的概念及其构成

在统计分组的基础上，把总体的所有单位按组归类排列，形成总体中各单位在各组间的分布，称为分配数列。分配数列由总体的各个组和各组相对应的单位数两个要素构成。各组单位数，称为次数（频数）；各组次数与总次数之比，称为频率。在此基础上，还可计算累计频数和累计频率。累计有向上累计和向下累计两种方法。向上累计是指将各组频数或频率由变量值低的组向变量值高的组累计，表明这些数值以下所有数值所占的比重；向下累计是指将各组频数或频率由变量值高的组向变量值低的组累计，表明这些数值以上所有数值所占的比重。

分配数列可分为品质分配数列和变量分配数列两种，主要掌握变量分配数列的编制方法。其步骤为：

（1）编序列，求全距。将原始资料按数值的大小依次排列，找出最大值和最小值。

$$\text{全距} = \text{最大变量值} - \text{最小变量值}$$

（2）参照全距，确定变量的分组方法（单项式分组或是组距式分组)。

(3) 确定组数和组距。

当组数确定后,组距可计算得到:

$$组距 = 全距 \div 组数$$

(4) 确定组限的表示形式。

(5) 汇总出各组的单位数,编制统计表。

(四) 统计表的定义、构成和种类

把表明社会经济现象总体单位数和一系列标志总量的资料,按一定的顺序在表格上表现出来,这种表格就是统计表。统计表的结构,从形式上看,由标题、横行、纵栏和数字资料等四部分组成;从内容上看,由主词和宾词两部分组成。统计表的种类可根据主词结构是否分组分为简单表、分组表和复合表。

第四章 综合指标

一、本章学习目的

☆ 掌握各种综合指标的概念、特点、种类和计算方法
☆ 运用所学的方法分析具体问题

二、主要知识点

☆ 总量指标的概念和种类
☆ 相对指标的种类和计算方法
☆ 平均指标的种类和计算方法
☆ 变异指标的计算和分析方法

三、教学要点

(一) 总量指标的概念和种类

1. 总量指标的概念

总量指标是反映社会经济现象发展的总规模、总水平的综合性指标。

2. 总量指标的特点

（1）总量指标按其反映的总体内容不同，分为总体单位总量和总体标志总量。总体单位总量是总体单位数的合计数，是用来反映总体规模大小的总量指标；总体标志总量是指反映总体中各单位标志值总和的总量指标。

（2）总量指标按其反映的时间状况不同，分为时期指标和时点指标。时期指标是指反映社会经济现象在一段时期内发展变化结果的总量指标；时点指标是指反映社会经济现象在某一时刻上所处水平的总量指标。学习时，要注意区别这两种指标不同的特点。

（二）相对指标的种类和计算方法

相对指标是两个有相互联系的现象的数量的比率，用以反映现象的发展程度、结构、强度、普遍程度或比例关系。常用的相对指标有结构相对指标、比较相对指标、比例相对指标、强度相对指标、动态相对指标和计划完成程度相对指标六种，学习时要注意掌握其计算方法及表现形式，要把那些内容和形式相近的指标正确区别开来。

1. 结构相对指标和比例相对指标的区别

二者的区别主要表现在：结构相对指标的分母与分子是包含与被包含的关系，而比例相对指标的分子与分母是并列关系；结构相对指标一般用百分数来表示，而比例相对指标则是连比形式 $M: N$。

2. 强度相对指标和比较相对指标的区别

二者的区别表现在：两者都属于不同总体指标进行对比的类型，但比较相对指标是不同总体的同类指标相比，而强度相对指标是两个性质不同而又有联系的总量指标对比。

3. 计划完成程度相对指标的计算及检查计划执行进度的方法

（1）基本计算形式。

$$计划完成程度(\%) = \frac{实际完成数}{计划任务数} \times 100\%$$

（2）计划数为相对数时的计算方法：不能直接用提高（或降低）的百分数进行对比，而应包括原有的基数。其计算公式可表示为：

$$计划完成(\%) = \frac{100\% + 实际提高(+)或降低(-)的百分数}{100\% + 计划提高(+)或降低(-)的百分数}$$

（3）计划执行进度检查的计算公式。

$$计划执行进度(\%) = \frac{累计至本期止实际完成数}{全期计划数} \times 100\%$$

（4）长期计划执行情况检查的两种方法分别是累计法和水平法。注意区别这两种方法的应用场合及提前完成时间的计算。

（三）平均指标的概念、特点和种类

平均指标是用以反映社会经济现象总体各单位某一数量标志在一定时间、地点条件下所达到的一般水平的统计指标。它的特点主要表现为：①把总体各单位标志值的差异抽象化；②它是一个代表值，代表总体各单位标志值的一般水平。

平均指标的种类有算术平均数、调和平均数、几何平均数、众数和中位数。前三种平均数是根据总体所有标志值计算的，称为数值平均数；后两种平均数是根据标志值所处的位置来确定的，称为位置平均数。

（四）算术平均数的计算

算术平均数是计算平均指标的最常用方法和最基本的形式。由于计算时掌握的资料不同，因此要注意不同公式的应用条件。

1. 计算算术平均数的基本公式

$$算术平均数 = \frac{总体标志总量}{总体单位总量}$$

2. 简单算术平均数的计算

$$\bar{x} = \frac{\sum x}{n}$$

式中：$\bar{x}$代表平均数，x代表单位标志值，$\sum$是总和符号，n代表总体单位数。

此公式适用于未分组的统计资料，如果已知各单位的标志值和总体单位总量，可采用此公式计算。

3. 加权算术平均数的计算

加权算术平均数适用于分组资料，其数值的大小取决于各组标志值大小和各组单位数（次数）的影响，根据权数的形式不同，具体计算时有两种方法：

（1）$\bar{x} = \dfrac{\sum xf}{\sum f}$ （f 为权数）

（2）$\bar{x} = \sum x \dfrac{f}{\sum f}$ （$\dfrac{f}{\sum f}$ 为权数）

4. 简单算术平均数和加权算术平均数的关系

当各组权数相同或都等于 1 的时候，加权算术平均数等于简单算术平均数。即：

$$\bar{x} = \frac{\sum xf}{\sum f} = \frac{f \sum x}{nf} = \frac{\sum x}{n}$$

（五）调和平均数的计算及应用条件

调和平均数是各个标志值倒数的算术平均数的倒数，又称为倒数平均数。在实际工作中，有时由于缺乏总体的单位数资料，而不能直接运用算术平均数进行计算，这时，可采用调和平均数计算。因此，调和平均数常常被作为算术平均数的变形来使用，即用特定的权数（$M = xf$）加权时，其计算公式为：

$$\bar{x} = \frac{\sum M}{\sum \frac{M}{x}} = \frac{\sum xf}{\sum \frac{xf}{x}} = \frac{\sum xf}{\sum f}$$

（六）众数和中位数的基本概念

众数和中位数是两个位置平均数。众数是总体中出现次数最多的变量值；中位数是将总体各单位标志值按大小顺序排列后，处于中间位置的那个数值。

（七）标准差、标准差系数的计算及应用条件

标准差是总体中各单位标志值与算术平均数的离差平方的算术平均数的平方根，又称均方差。标准差的计算有简单式和加权式两种，学习时主要掌握加权式，即：

$$\sigma = \sqrt{\frac{\sum (x - \bar{x})^2 f}{\sum f}}$$

标准差越大，说明各变量值间的差异越大，平均数的代表性越小；标准差越小，说明各变量值间的差异越小，平均数的代表性越大。

标准差系数是以相对数形式表示的变异指标，它是通过标准差与算术平均数对比得到的比率。其计算公式如下：

$$V_\sigma = \frac{\sigma}{\bar{x}} \times 100\%$$

因为标准差的大小受数列水平高低的影响，因此，在对比分析不同水平的变量数列之间的标志变异程度时，就不能直接用标准差来比较，而需进一步计算标准差系数，通过标准差系数的大小来比较平均数代表性的大小。标准差系数越大，说明各变量值间的差异越大，平均数的代表性越小；标准差系数越小，说明各变量值间的差异越小，平均数的代表性越大。

第五章　抽样估计

一、本章学习目的

☆ 掌握抽样推断的基本概念和一般原理
☆ 掌握利用抽样资料来推断总体数量特征的各种方式方法

二、主要知识点

☆ 抽样推断的意义和内容
☆ 有关抽样的基本概念
☆ 抽样误差的计算
☆ 抽样估计方法
☆ 抽样组织形式

三、教学要点

（一）抽样推断的概念和特点

1. 抽样推断的概念

抽样推断，是指在抽样调查的基础上，利用样本的资料计算出样本指标，并据此推算总体相应数量特征的一种统计分析方法。

2. 抽样推断的特点

（1）它是由部分推算整体的一种方法；
（2）它是建立在随机抽样基础上的；
（3）它是运用概率估计的方法；
（4）它的误差可以事先计算并加以控制。

（二）有关抽样的基本概念

1. 全及总体和样本总体

全及总体是指所要认识的研究对象全体，用"N"表示。样本总体是指从全及总体中随机抽取出来，作为代表这一部分总体的那部分单位组成的集合体，用"n"表示。

2. 参数和统计量

根据总体各个单位的标志值或标志属性计算的、反映总体某种属性或特征的综合指标称为参数（或全及指标）。常用的总体参数有总体平均数、总体成数、总体标准差（或总体方差）。

由样本总体各单位标志值计算出来的、反映样本特征，并用来估计全及指标的综合指标称为统计量（或抽样指标）。抽样指标有抽样平均数、抽样成数和样本标准差三种形式。

3. 重复抽样和不重复抽样

这是两种不同的抽样方法。重复抽样是每抽一个单位，登记结果后，又重新放回参加下一次的抽取，这样连续抽足一个样本所需的单位；不重复抽样是在每一次抽出一个单位后，就不再放回参加第二次的抽取，每抽一次，总体的单位数就减少一个。

（三）抽样平均误差、抽样极限误差的含义及计算方法

1. 抽样平均误差的计算

抽样平均误差是反映抽样误差一般水平的指标，它的实质含义是抽样平均数（或成数）的标准差。抽样平均误差的计算有四个计算公式，学习时要区分其不同的应用条件，因为抽样平均数和抽样成数的抽样平均误差的计算方法是不同的。

重复抽样条件下：

$$\mu_{\bar{x}} = \frac{\sigma}{\sqrt{n}} \qquad \mu_p = \sqrt{\frac{p(1-p)}{n}}$$

不重复抽样条件下：

$$\mu_{\bar{x}} = \sqrt{\frac{\sigma^2}{n}\left(1 - \frac{n}{N}\right)} \qquad \mu_p = \sqrt{\frac{p(1-p)}{n}\left(1 - \frac{n}{N}\right)}$$

2. 极限抽样误差的计算

极限抽样误差是指扩大或缩小之后的抽样误差范围，即在某

种推断把握程度下的抽样误差范围,用 Δ 表示。其计算方法为:

$$\Delta = t\mu_{\bar{x}} \qquad \Delta = t\mu_p \qquad \text{(t 为概率度)}$$

(四) 抽样估计方法

抽样估计有两种方法:点估计和区间估计。由于区间估计能够提供有科学根据的可信程度和精确程度,能根据样本指标和抽样误差去推断总体指标值的可能范围,因此区间估计便成为进行抽样估计的主要方法。这是学习本章需要重点掌握的内容。

平均数的区间估计:$\bar{x} - t\mu_{\bar{x}} \leqslant \bar{x} \leqslant \bar{x} + t\mu_{\bar{x}}$

成数的区间估计:$p - t\mu_p \leqslant P \leqslant p + t\mu_p$

(五) 简单随机抽样、类型抽样、等距抽样和整群抽样的特点

1. 简单随机抽样

简单随机抽样也称为单纯随机抽样,是抽样中最基本同时也是最简单的抽样组织形式。它适用于均匀总体,即具有某种特征的单位均匀地分布于总体的各部分,使总体的各部分都是同分布的。抽取样本时先将各单位加以编号,然后用抽签的方式或根据《随机数表》来抽取必要的单位数。

2. 类型抽样

类型抽样又称分层抽样,是先对总体各单位按主要标志加以分组,然后再从各组中按随机原则抽取一定单位构成样本。

3. 等距抽样

等距抽样也称为机械抽样或系统抽样。它是先按某一标志对总体各单位排队,然后按一定顺序和间隔来抽取样本单位的一种抽样组织形式。

4. 整群抽样

整群抽样也称集团抽样。它是将总体各单位划分成许多群,然后从其中随机抽取部分群,对中选群的所有单位进行全面调查的抽样组织形式。

(六) 简单随机抽样条件下必要抽样单位数的计算

计算公式为:

$$n = \frac{t^2 \sigma^2}{\Delta_{\bar{x}}^2}$$ （重复抽样条件下）

第六章 假设检验

一、本章学习目的

☆ 明确假设检验的含义、目的
☆ 掌握假设检验的种类、方法

二、主要知识点

☆ 假设检验的含义和目的
☆ 显著性水平
☆ 假设命题
☆ 假设检验的方法
☆ 符号检验和秩和检验

三、教学要点

（一）假设检验的含义及目的

假设检验是抽样推断的一项重要内容，是利用样本的实际资料来检验事先对总体某些数量特征所作的假设是否可信的一种统计方法。因此，凡属于研究总体的数量变化是否按照我们预期的规律性要求的问题都属于统计假设检验的讨论范围。检验的目的在于判断原假设的总体和现在实际的总体是否发生了显著差异。

（二）假设检验与区间估计关系

假设检验可以看成是区间估计中置信区间的另一种表达方式。置信区间可看做是所有可能接受的假设的集合。

区间估计实际上是在一定的概率保证程度下，利用样本资料及计算得到的有关数据，推算总体参数可能存在的范围；而假设检验是利用样本资料所含信息，判断差异是否显著。

（三）显著性水平

显著性水平是在进行假设检验时事先确定一个可允许的作为判断界限的小概率标准。检验中，依据显著性水平大小把概率划分为两个区间，小于给定标准的概率区间称为拒绝区间，大于这个标准则称为接受区间。对显著水平的理解必须把握以下两点：①显著性水平不是一个固定不变的数值，依据拒绝区间可能承担的风险来决定；②统计上所讲的显著性与实际生活工作中的显著性是不一样的。

（四）假设命题

假设一般包括两部分：原假设 H_0 和备择假设 H_1。原假设又称为虚无假设或零假设，其建立的依据是已有的、具有稳定性的经验看法。如果没有发生条件的变化，是不会被轻易否定的。备择假设又称为择一假设，即原假设被否定之后而采取的逻辑对立假设。

（五）假设检验的程序

第一步：建立统计假设；第二步：选择检验的显著性水平；第三步：确立检验统计量，并依据样本信息计算检验统计量的实际值；第四步：将实际求得的检验统计量取值与临界值进行比较，做出拒绝或接受原假设的决策。如果超过临界值，拒绝接受原假设；小于临界值，则不能拒绝原假设。

（六）假设检验的类型

1. 双侧检验

双侧检验是指当我们所关心的问题是要检验样本平均数和总体平均数，或样本成数与总体成数有没有显著差异而不问差异的方向是正差或负差时，所采用的一种统计检验方法，在双侧检验中，原假设取等式为：

$$H_0: M = M_0 \quad H_1: M \neq M_0$$

或：

$$H_0 : P = P_0 \quad H_1 : P \neq P_0$$

给定显著水平 α，其下临界值为 $-t_{\frac{\alpha}{2}}$，上临界值为 $t_{\frac{\alpha}{2}}$，如果实际临界值落于区间 $(-t_{\frac{\alpha}{2}}, t_{\frac{\alpha}{2}})$ 之间，则接受原假设；否则，就拒绝原假设。

2. 单侧检验

单侧检验是指当我们所要检验的是样本所取的总体的参数值是大于或小于某个特定值时，所选择使用的一种单方面检验方法。

如果所要检验的是样本所取自的总体的参数值是否大于某个特定值，应采用右单侧检验：

$$H_0 : M \leq M_0 \quad H_1 : M > M_0$$

或：

$$H_0 : P \leq P_0 \quad H_1 : P > P_0$$

在给定显著水平 α，右单侧检验的临界值为 t_α，如果实际临界值 $t \geq t_\alpha$，则拒绝原假设；否则，就接受原假设。

如果所要检验的是样本所取自的总体的参数值小于某个特定值，应采用左单侧检验：

$$H_0 : M \geq M_0 \quad H_1 : M < M_0$$

或：

$$H_0 : P \geq P_0 \quad H_1 : P < P_0$$

在给定显著水平 α，左单侧检验的临界值为 $-t_\alpha$，如果实际临界值 $-t \leq -t_\alpha$，则拒绝原假设；否则，就接受原假设。

（七）总体平均数和总体成数的假设检验

总体平均数的假设检验就是通过抽样平均数与原检验总体平均数的对比，来判断所要检验的总体平均数与原平均数是否发生显著性差异；总体成数的假设检验就是通过抽样成数与原检验总体成数的对比，来判断所要检验的总体成数与原总体成数是否发生显著性差异。学习时，要掌握其实际临界值 t 的计算公式。

（八）统计假设的两类错误

当我们把真实的原假设当成假的加以拒绝时，称为第一类错误，也称弃真错误，犯第一类错误的概率就是显著性水平大小；当我们把不真实的原假设当做真的加以接受时，称为第二类错误，也称纳伪错误，犯第二类错误的概率是不确定的。在检验决策时，我们当然希望所有的原假设都能做到接受，所有的不真实假设都被拒绝，做到既降低犯第一类错误的可能性，又减少犯第二类错误的概率水平。但事实上，两类错误是一对矛盾。因此，在样本容量不变的情况下，要想同时减少两类错误是不可能的，只有通过扩大样本容量办法，才能同时减少犯两类错误的可能性。

（九）符号检验与秩和检验

符号检验与秩和检验是两种非参数统计检验方法，即在对统计分布不作任何限制性假设的统计检验，也称为自由分布检验或无分布检验。

符号检验是建立在以"＋"或"－"两个差数符号表示样本检验数据与假设参数值之间的关系基础上的，该方法既可用于单样本场合，也可用于配对样本场合。秩和检验用于检验两个独立的样本是否来自具有相同位置特征总体。

第七章　相关分析

一、本章学习目的

☆ 明确相关分析是研究变量之间相互关系的密切程度和相互关系方式的重要方法

☆ 理解相关分析的有关概念

☆ 掌握计算相关系数的计算以及配合直线回归方程的方法

二、主要知识点

☆ 相关关系的概念和相关的种类
☆ 相关系数的计算及性质
☆ 配合直线回归方程的方法
☆ 估计标准误的计算

三、教学要点

(一) 相关关系的概念和相关的种类

相关关系是一种不完全确定的随机关系,因素标志的每个数值都可能有若干个结果标志的数值。相关的种类可以从四个不同的角度进行划分。

1. 按相关的程度 $\begin{cases} 完全相关 \\ 不完全相关 \\ 不相关 \end{cases}$

2. 按相关的方向 $\begin{cases} 正相关 \\ 负相关 \end{cases}$

3. 按相关的形式 $\begin{cases} 线性相关 \\ 非线性相关 \end{cases}$

4. 按影响因素的多少 $\begin{cases} 单相关 \\ 复相关 \end{cases}$

(二) 相关系数的计算及利用相关系数判断相关的性质和密切程度

1. 相关系数的计算公式

教材上介绍了几种,学习时可根据掌握的资料形式不同来选择使用。但较常用的公式为:

$$r = \frac{n\sum xy - \sum x \sum y}{\sqrt{[n\sum x^2 - (\sum x)^2][n\sum y^2 - (\sum y)^2]}}$$

2. 利用相关系数判断相关的性质和密切程度

相关系数的取值范围：$-1 \leqslant r \leqslant 1$。

（1）当 $r > 0$ 时，表示变量之间为正相关；当 $r < 0$ 时，表示变量之间为负相关。

（2）相关系数小的绝对值越接近于 1，表明相关关系越强；越接近于 0，表明相关关系越弱。当 $|r| = 1$ 时，表明两个变量之间的关系属于完全线性相关；当 $r = 0$ 时，则表明两变量之间完全不相关。

（3）在实际应用中，常常按照相关系数的大小将相关关系的密切程度分为：$|r| < 0.3$，称为微弱相关；$0.3 < |r| < 0.5$，称为低度相关；$0.5 < |r| < 0.8$，称为显著相关；$0.8 < |r| < 1$，称为高度相关。

（三）简单直线回归方程的建立方法

建立简单直线回归方程的步骤为：

（1）设所求的直线回归方程为：$y_c = a + bx$。

学习时，要注意公式中各部分所代表的含义。a 是直线的起点，数学上称为纵轴截距；x 代表自变量及其变量值；y_c 代表因变量的估计值；b 表示自变量每增加一个单位时，因变量的平均增加值，在数学上称为直线的斜率，也叫回归系数。

（2）建立标准方程组，求解方程式中的参数 a 和 b。

$$a = \frac{\sum y}{n} - b\frac{\sum x}{n} \qquad b = \frac{n\sum xy - \sum x \sum y}{n\sum x^2 - (\sum x)^2}$$

（3）把求出的参数 a 和 b 的数值代回所设的方程中，即可得所求的方程，然后可用自变量的变化值推算因变量的估计值。

第八章 指数分析

一、本章学习目的

☆ 认识编制指数的意义及分类
☆ 掌握综合指数和平均数指数的编制方法
☆ 运用指数体系分析社会经济现象

二、主要知识点

☆ 统计指数的含义和种类
☆ 综合指数的编制方法
☆ 平均指数的编制方法
☆ 指数体系和因素分析

三、教学要点

（一）指数的含义和种类

指数是一种相对数，本章所讲的指数是指狭义的指数，是反映复杂现象总体数量变动的相对数。学习时主要掌握按两种不同的标准划分指数的种类。

1. 反映的对象范围 $\begin{cases} 个体指数 \\ 总指数 \begin{cases} 综合指数 \\ 平均指数 \end{cases} \end{cases}$

2. 反映的指标性质 $\begin{cases} 数量指标指数（按数量指标计算的反映现象总体规模变动程度的相对数） \\ 质量指标指数（按质量指标计算的反映工作质量好坏的相对数） \end{cases}$

（二）综合指数的编制

综合指数是总指数的基本表现形式，是反映许多产品或商品所组成的复杂现象总体动态的相对数。综合指数的编制方法是先综合后对比。所谓综合，是指把不能直接加总的不同使用价值转化为能直接加总的价值形态，计算得出两个不同时期的现象总量；所谓对比，是指把两个不同时期的价值总量进行对比。

计算综合指数时，首先要确定把不能直接加总的不同使用价值转化为能直接加总的价值形态时所需要的因素，即同度量因素。确定同度量因素的一般原则是：编制数量指标指数时，把作为同度量因素的质量指标固定在基期；编制质量指标指数时，把作为同度量因素的数量指标固定在报告期。

以 q 表示数量指标，以 p 表示质量指标，则：

$$\text{数量指标指数的一般形式：} \frac{\sum p_0 q_1}{\sum p_0 q_0}$$

$$\text{质量指标指数的一般形式：} \frac{\sum p_1 q_1}{\sum p_0 q_1}$$

（三）平均指数的编制

平均指数是总指数的另外一种表现形式，它是综合指数的变形。当缺少计算综合指数的资料时，就要计算平均指数来反映许多产品或商品所组成的复杂现象总体的数量变动。平均指数的计算方法：平均指数是以个体指数 $\frac{p_1}{p_0}$ 或 $\frac{q_1}{q_0}$ 为变量，以基期价值总量 $p_0 q_0$ 或报告期价值总量 $p_1 q_1$ 为权数，采用算术平均数或调和平均数的形式来编制的。

$$\text{算术平均数指数} = \frac{\sum k p_0 q_0}{\sum p_0 q_0} \quad (k = \frac{q_1}{q_0})$$

它是以个体指数 $\frac{q_1}{q_0}$ 为变量，以基期的价值量 $p_0 q_0$ 为权数，采用加权算术平均数的形式来计算的。它是数量指标指数的变形，它

们二者表示的含义及计算结果完全一致，即 $\dfrac{\sum p_0 q_1}{\sum p_0 q_0} =$

$\dfrac{\sum k p_0 q_0}{\sum p_0 q_0}$ （$k=\dfrac{q_1}{q_0}$），只是二者计算形式不同而已，都反映产量、销售量等数量指标的变化情况。

$$调和平均数指数 = \dfrac{\sum p_1 q_1}{\sum \dfrac{1}{k} p_1 q_1} \quad (k=\dfrac{p_1}{p_0})$$

它是以个体指数 $\dfrac{p_1}{p_0}$ 为变量，以报告期的价值 $p_1 q_1$ 为权数，采用加权调和平均数的形式来计算的。它是质量指标指数的变形，它们二者表示的含义及计算结果完全一致，即 $\dfrac{\sum p_1 q_1}{\sum p_0 q_1} =$

$\dfrac{\sum p_1 q_1}{\sum \dfrac{1}{k} p_1 q_1}$ （$k=\dfrac{p_1}{p_0}$），只是二者的计算形式不同而异，都反映了价格、成本等质量指标的变化情况。

（四）指数体系和因素分析

由3个或3个以上有联系的指数所组成的数学关系式称为指数体系。如果：

$$销售额 = 销售量 \times 销售价格$$

那么：

$$销售额指数 = 销售量指数 \times 销售价格指数$$

因素分析是对现象数量变动受各因素影响程度的分析，它是借助于指数体系，从相对数和绝对数两个方面对现象的数量变动所进行的分析。利用指数体系进行因素分析主要有两种形式。

1. 总量指标变动的两因素分析

有两种情况：简单现象总体总量指标变动的两因素分析和复

杂现象总体总量指标变动的两因素分析，主要掌握后者。

复杂现象总体是指构成现象总体的单位及其标志值不能直接加总。复杂现象总体是借助于指数体系来进行因素分析的。

相对数分析：

$$\frac{\sum p_1 q_1}{\sum p_0 q_0} = \frac{\sum p_0 q_1}{\sum p_0 q_0} \times \frac{\sum p_1 q_1}{\sum p_0 q_1}$$

上式等号左边为总量指标指数，它等于数量指标指数乘以质量指标指数，即总量指标变动百分比，是由数量指标和质量指标分别变动的百分比形成的。

绝对数分析：

$$\left(\sum p_1 q_1 - \sum p_0 q_0\right) = \left(\sum p_0 q_1 - \sum p_0 q_0\right) + \left(\sum p_1 q_1 - \sum p_0 q_1\right)$$

上式中，等号左边为总量指标变动的绝对额，是由数量指标和质量指标分别变动的绝对额构成的。

2. 平均指标变动的两因素分析

为了反映平均指标变动情况，必须借助于平均指标指数体系进行分析。平均指标指数是两个不同时期的加权算术平均数对比得出的相对数。从第四章的内容可知，算术平均数受各组标志值平均水平和各组单位数的影响。那么，要综合反映两个不同时期总平均指标变动的情况，就必须把各组标志值平均数和各组单位数分别固定在某一时期，从各组标志值平均水平变动和各组单位数结构变动两个方面说明对总平均指标的影响程度。我们知道，各组标志值和各组单位数互为同度量因素。据确定同度量因素的一般原则，为了反映质量指标（各组标志值平均水平）的变动，把作为同度量因素的数量指标（各组单位数）固定在报告期；为了反映数量指标（各组单位数）的变动，把作为同度量因素的质量指标（各组标志值平均水平）固定在基期。

要反映总平均指标的变动，可借助可变构成指数、固定构成指数和结构变动影响指数等 3 个指数构成的指数体系进行分析。

可变构成指数＝固定构成指数 × 结构变动影响指数

可变构成指数，是指包括结构变动影响和各组标志值平均水平变动的相对数，即可变构成指数实际上就是报告期平均指标与基期平均指标的对比，用公式表示为：

$$可变构成指数 = \frac{\dfrac{\sum x_1 f_1}{\sum f_1}}{\dfrac{\sum x_0 f_0}{\sum f_0}}$$

固定构成指数，是指把各组单位数固定在报告期来计算的反映各组标志值平均水平变动的相对数，即固定构成指数是以报告期各组单位数为标准，计算出基期和报告期的平均指标，用以反映各组标志值平均水平的变动情况，用公式表示为：

$$固定构成指数 = \frac{\dfrac{\sum x_1 f_1}{\sum f_1}}{\dfrac{\sum x_0 f_1}{\sum f_1}}$$

结构影响变动指数，是把各组标志值平均水平固定在基期来计算的反映各组单位数变动的相对数，即结构变动影响指数是以基期各组标志值平均水平为标准，计算出基期和报告期的平均指标，用以反映各组单位数变动的情况，用公式表示为：

$$结构影响变动指数 = \frac{\dfrac{\sum x_0 f_1}{\sum f_1}}{\dfrac{\sum x_0 f_0}{\sum f_0}}$$

以上 3 个指数构成一个指数体系，从相对数和绝对数对总平均指标的分析如下：

相对数分析：

$$\frac{\frac{\sum x_1 f_1}{\sum f_1}}{\frac{\sum x_0 f_0}{\sum f_0}} = \frac{\frac{\sum x_1 f_1}{\sum f_1}}{\frac{\sum x_0 f_0}{\sum f_1}} \times \frac{\frac{\sum x_0 f_1}{\sum f_1}}{\frac{\sum x_0 f_0}{\sum f_0}}$$

绝对数分析：

$$\left(\frac{\sum x_1 f_1}{\sum f_1} - \frac{\sum x_0 f_0}{\sum f_0}\right) = \left(\frac{\sum x_1 f_1}{\sum f_1} - \frac{\sum x_0 f_1}{\sum f_1}\right) + \left(\frac{\sum x_0 f_1}{\sum f_1} - \frac{\sum x_0 f_0}{\sum f_0}\right)$$

3. 利用指数体系可以在有对等关系的指数之间进行换算

第九章　动态数列分析

一、本章学习目的

☆ 了解动态数列的概念、种类及编制原则
☆ 熟练掌握动态数列的各项分析指标及计算方法

二、主要知识点

☆ 动态数列的概念和种类
☆ 现象发展水平指标的种类和计算
☆ 现象发展速度指标的种类和计算
☆ 直线趋势测定的最小平方法

三、教学要点

（一）动态数列的概念和种类

动态数列是将同类社会经济现象的指标数值按时间先后顺序排列而形成的数列。它由两个基本要素组成：一是现象所属的时间；二是统计指标的数值。

动态数列按其组成指标的性质不同，可以分为总量指标动态数列、相对指标动态数列和平均指标动态数列。其中,总量指标动态数列是基本数列,其余两种是由它派生出来的。总量指标动态数列可分为时期数列和时点数列,它们各有自己的特点,是性质不同的两种数列,学习时要注意区分。

(二)发展水平、平均发展水平的概念及计算

发展水平和平均发展水平都是现象发展的水平指标。发展水平是动态数列中的每一项具体的指标数值,它反映社会经济现象在各时期所达到的规模或水平。平均发展水平是对不同时期的发展水平求平均数,又称为序时平均数。在计算方法上,它可以根据总量指标动态数列计算,也可以根据相对指标动态数列或平均指标动态数列计算。其中,按总量指标动态数列计算序时平均数的方法是最基本的。

1. 由总量指标动态数列计算序时平均数

由于总量指标动态数列分为时期数列和时点数列,因此,掌握的数列资料不同,计算的方法也不一样。学习时,必须熟练掌握以下计算公式的应用条件及计算方法:

(1) $\bar{a} = \dfrac{\sum a}{n}$ (掌握时期数列资料时)

(2) $\bar{a} = \dfrac{\sum af}{\sum f}$ (掌握连续时点数列资料时)

(3) $\bar{a} = \dfrac{\dfrac{a_1}{2} + a_2 + a_3 + \cdots + \dfrac{a_n}{2}}{n-1}$ (掌握间隔相等的间断时点数列资料时)

(4) $\bar{a} = \dfrac{\left(\dfrac{a_1+a_2}{2}\right)f_1 + \left(\dfrac{a_2+a_3}{2}\right)f_2 + \cdots + \left(\dfrac{a_{n-1}+a_n}{2}\right)f_n}{\sum f}$

(掌握间隔不等的间断时点数列资料时)

2. 由相对指标或平均指标动态数列计算序时平均数

这是在总量指标动态数列计算序时平均数的基础上派生而成的。其计算方法是：先分别计算出分子和分母数列的序时平均数（$\bar{a}$ 和 $\bar{b}$），然后将其对比，即可得所求的序时平均数（$\bar{c}$）。

（三）现象发展的速度指标的计算

1. 发展速度

发展速度是以相对数形式表现的动态分析指标，它是两个不同时期发展水平指标对比的结果。由于对比的基期不同，发展速度分为环比发展速度和定基发展速度。环比发展速度的连乘积等于定基发展速度。

2. 增长量

增长量是以绝对数形式表示的速度分析指标，是两个不同时期发展水平之差。由于对比的基期不同，增长量分为逐期增长量和累积增长量。逐期增长量之和等于累积增长量。

3. 平均增长量

平均增长量是一定时期内每期增长量的平均值，它是累积增长量与逐期增长量的个数之比。其公式为：

$$平均增长量 = \frac{逐期增长量之和}{逐期增长量的个数} = \frac{累积增长量}{逐期增长量的个数}$$

4. 增长速度

增长速度是反映现象数量增长程度的动态相对指标。它的理论上的计算方法是增长量除以基期水平，一般用百分比表示。实际中的计算方法是发展速度减 1 或 100%。与发展速度相对应，增长速度也有环比和定基两种，但它与发展速度不同，即环比增长速度的连乘积不等于定基增长速度。如果要求定基增长速度，必须通过增长速度与发展速度的关系进行换算。

5. 平均发展速度和平均增长速度

平均发展速度和平均增长速度统称为平均速度。平均速度是各个时期环比速度的平均数,说明社会经济现象在较长的时期内速度变化的平均程度。平均发展速度表示现象逐期发展的平均程度;平均增长速度则反映了现象逐期增长的平均程度。

平均发展速度的计算有两种方法:几何平均法和方程式法。学习时重点掌握几何平均法。主要计算公式有:

$$\bar{x} = \sqrt[n]{\pi X} \qquad \bar{x} = \sqrt[n]{\frac{a_n}{a_0}}$$

要求明确公式中各符号所代表的内容:$\bar{x}$ 为平均发展速度,π 为速率符号,x 为环比发展速度,n 为环比发展速度的项数,a_n 为最末水平,a_n 为最初水平。并能根据给定的资料,求出式中的任意一项。

平均增长速度的计算必须在计算了平均发展速度的基础上进行,其关系式为:

平均增长速度 = 平均发展速度 – 1(或 100%）

（四）直线趋势测定的最小平方法

其计算步骤为:

(1) 设直线趋势方程为:

$$y_c = a + bt$$

(2) 建立方程组,求解参数 a 和 b。

$$a = \frac{\sum y}{n} - b\frac{\sum t}{n} \qquad b = \frac{n\sum ty - \sum t \sum y}{n\sum t^2 - (\sum t)^2}$$

(3) 利用方程,预测前景。

第十章 统计的综合分析与评价

一、本章学习目的

☆ 了解统计综合分析的意义和一般步骤

☆ 理解统计比较的基本规则和国际统计比较方法
☆ 掌握统计综合评价的常用方法和在综合国力中的应用

二、主要知识点

☆ 统计综合分析的意义和步骤
☆ 统计比较的意义和种类
☆ 国际统计比较方法
☆ 统计综合评价

三、教学要点

（一）统计综合分析的意义和一般步骤

统计综合分析是根据分析研究的目的，在科学的理论指导下，以客观统计资料为依据，结合具体实际情况，对社会经济现象总体进行系统的分析研究，从而认识事物的本质和发展规律的一种统计分析方法。它一般分五个步骤来进行。

（二）统计比较的意义和种类

所谓统计比较，是将统计指标所反映的实际规模水平与有关标准进行比较对照，计算出数量上的差别和变化，并在此基础上作出评价与判断。统计比较可以从不同的角度进行分类，通常分为静态比较和动态比较、相对比较和相差比较、单项比较和综合比较。

（三）统计的综合评价

1. 统计综合评价的意义

统计综合评价是指利用反映社会经济现象总体的指标体系，结合各种定性材料，构建综合评价模型，求得综合评价值，对被评现象作出明确评定和排序的一种统计分析方法。

2. 常用的综合评价方法

综合评分法、功效系数法、平均指数法。

3. 综合国力的含义和评价的关键

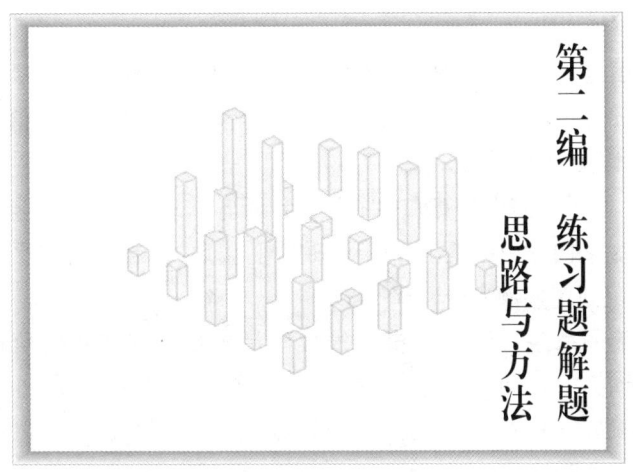

第二编 练习题解题思路与方法

第一部分 各种题型的解题思路

本课程的练习与考试题型一般有判断题、单项选择题、多项选择题、填空题、简答题及计算题六种。不同的题型，解题要求不一样，学习中要掌握好各种题型的解题要求及正确答题的方法。

一、判断题

这种题型要求答题者根据题目的内容，判断其正确与否，并直接把判断的结果填在每题后的括号内（正确的打"√"，错误的打"×"）。虽不用在答卷上说明正确与否的理由，但解答这种题目时须区分特点，按要求作出正确的判断。一般有以下几种情况：

1. 以正确的结论直接判断对错。

如对概念、基本原理之类的判断题，需要在记住正确结论的基础上，直接对题目作出判断。

例：权数对算术平均数的影响作用取决于权数本身绝对值的

大小。(×)

【解题思路】因为权数对算术平均数的影响作用取决于组权数占全部权数总和的百分比的大小，而不是权数本身绝对值的大小，所以原结论不对。

2. 通过一定的计算和验证作出判断。

例：如果各种商品的销售量平均上涨5%，销售价格平均下降5%，则销售额不变。(×)

【解题思路】因为销售额指数 = 销售量指数 × 销售价格指数，通过计算可知：销售额指数（%）= 105% × 95% = 99.75%，销售额下降了0.25%，所以此结论不对。

3. 在进行分析的基础上，对正确和错误作出判断。

例：当两组数列的平均数相等时，标准差数值越大，说明总体中各单位标志值的变异程度越大，则平均数的代表性就越小。(√)

【解题思路】这是通过平均指标与标志变动指标的关系分析来作出判断。

二、单项选择题

本题型要求在题目给出的四个备选答案中选出唯一一个正确的答案，并把正确答案的字母序号填入题后的括号内或指定的答题卡内。选择答案的方法有三种：

1. 根据概念或有关原理分析选择正确答案。

例：要了解100名学生的学习情况，则总体单位是（B）。

A. 100名学生　　　　　　B. 每一名学生

C. 100名学生的学习成绩　D. 每一名学生的学习成绩

【解题思路】因为要了解100名学生的学习情况，统计总体是100名学生，总体单位则是每一名学生。而学习成绩是单位的数量标志。所以答案是B。

2. 通过筛选的方法，把错误的命题排除后，就可选择出正确的答案。

例：通过调查我国鞍钢、武钢等几个主要的钢铁生产基地，了解我国钢铁生产的基本情况，这种调查方式是（D）。

A. 普查 　　　　　　　B. 典型调查

C. 抽样调查 　　　　　D. 重点调查

【解题思路】因为该调查是非全面调查，故排除答案 A；而非全面调查包括抽样调查、重点调查和典型调查。这三种调查的主要区别是选择调查单位的方法不同。抽样调查是按随机原则抽选调查单位，重点调查是根据单位标志总量占总体标志总量的比重来确定调查单位，而典型调查是依据对总体的分析，有意识地选取调查单位。因此，根据本题选择调查单位的方法，可判断出该调查是重点调查。所以正确答案是 D。

3. 根据已知的数字资料，先进行计算，然后确定和选出正确答案。

例：某企业第一、第二季度和下半年的原材料平均库存额分别为 10 万元、15 万元和 20 万元，则全年的平均库存额为（A）。

A. 16.25 万元 　　　　B. 15 万元

C. 11.25 万元 　　　　D. 13.85 万元

【解题思路】因为库存额为时点指标，但此题所给的是平均库存额，因此可以将所给资料直接相加；又因为所给资料间隔不等，因此要采用加权算术平均法进行计算，正确答案是 A。

即：

$$\frac{10 \times 1 + 15 \times 1 + 20 \times 2}{4} = 16.25 \text{ 万元}$$

三、多项选择题

这种题型的答题要求及方法和单项选择题一样，但难度稍微大些。它要求在所有备选答案中,选择两个或两个以上的正确答案。而各备选答案往往内容相近,或只有细小差别,故要对概念、理论和方法的运用相当熟悉,解题时可先把绝对有把握的答案找出,剩下的相近的备选答案再作分析以确定正误。如果题目附上多选、少选、错选都不给分这一条件的话,则失分的可能性会比较大。因此,在做这种题型时,要特别仔细,只要是正确的答案,都要选上,并把正确答案的字母序号填入题后的括号内或指定的答题卡内。

例:进行全国工业普查,每一个工业企业是(BCE)。

A. 调查对象　　　　　　B. 调查单位
C. 填报单位　　　　　　D. 调查项目
E. 调查项目的承担者

【解题思路】因为调查对象是被研究的现象的总体;调查单位是构成调查对象的每一个单位,它是进行登记的标志承担者;填报单位也叫报告单位,是提交调查资料的单位,一般是由基层企事业单位组织充当。根据调查对象不同,调查单位与填报单位有时一致有时不一致。在本题中,两者是一致的。所以正确答案是 B、C、E。

四、填空题

填空题一般是要求考核基本理论、基本方法,而且紧扣教材的原文或原意,所要填写的内容大部分是一些基本概念或关键的内容、方法等,只需把正确答案填入题中横线上或括号内空格上即可。一般有以下几种情况:

1. 对概念、要点等十分明确的结论,直接填入答案即可。

例:在组距数列中,表示各组界限的变量值称为<u>组限</u>,各组上限与下限之间的中点数值称为<u>组中值</u>。

【解题思路】本题主要是检查我们对基本概念的理解。根据我们所学的统计分组知识可知,在组距数列中,组距两端的数值称为组限,其中每组的最小值称为下限,最大值称为上限。上下限之间的中点数值称为组中值。

2. 进行简单的计算后才能填上正确答案。

例：已知直线回归方程 $y_c = a + bx$ 中，$a = 1.7575$，$\bar{x} = 12.6$，$\bar{y} = 11.3$，则 $b = \underline{0.7573}$。

【解题思路】在确定回归方程时，若 a 已知、b 未知时，可以移项得 $b = \dfrac{\bar{y} - a}{\bar{x}}$，从而计算出：

$$b = \frac{11.3 - 1.7575}{12.6} = 0.7573$$

3. 需要在分析的基础上，总结出正确结论后，再填入答案。

例：如果一个变量数列的每一个变量值都增加一个相等的数值，新计算的标准差与原来数列的标准差的数值<u>相等</u>。

【解题思路】每一个变量都增加一个相等的数值，平均数也会增加相等的数值，这样计算的离差的平方和就不变，当然计算的标准差就相等。也可用一个简单的变量数列进行验算。所以正确答案应相等。

五、简答题

简答题主要考查学员对基本概念、有关原理的理解程度，要求学员指出概念和有关原理的含义或者它们之间的联系与区别。统计学中作为简答题考核的内容不多，而且在答题时不必长篇大论，只要求把要点问题回答清楚，做到概念准确、简明扼要即可。可按此方法进行：先从本课程的知识体系中判定出题目要求回答的内容，然后勾画出内容的框架结构，再指出各个要点，最后填充内容。

例：时点指标与时期指标有什么区别？

【解题思路】先勾画出答案的基本框架：

$$\text{两种指标的区别}\begin{cases}\text{概念不同}\\ \text{能否累计相加}\\ \text{与时期的长短是否有直接关系}\end{cases}$$

然后，对题目的要点丰富内容，理顺语句，写出答案。

答案具体如下：

时点指标与时期指标的区别有三点：①时期指标是反映现象在一段时间发展变化的结果的总量指标，时点指标是反映现象在某一时刻状况上的总量指标；②时期指标的数值可以累计相加，时点指标则不能；③时期指标的数值与时期的长短有直接关系，而时点指标则没有。

六、计算题

统计学是一门方法论的学科，它通过对事物数量关系的研究来认识事物的特征，即认知其规律性。因此，运用公式进行统计的分析计算有其重要的作用。计算题在统计学原理的考核中一般占总量的50%。此类题型的特点是：在统计整理的基础上，给出相应的数据资料，要求运用所学的概念、公式、关系进行计算和分析。计算过程中，必须有三个主要的步骤：①列出计算公式；②代入具体数字；③写出计算结果。

例：某厂某年上半年各月产量及月末人数资料如下表。

月 份	1	2	3	4	5	6
产量/件	4950	5500	5355	5565	6240	4400
月末工人数/人	540	460	560	500	540	560

又知该年1月初工人数为540人，去年上半年平均月劳动生产率为10件/人，试计算该年上半年平均月劳动生产率比去年提

高了多少。

【解题思路】 该题是由一个时期指标（子项）和一个时点指标（母项）对比的平均数动态数列计算序时平均数。计算过程是先分别计算出分子（产量）和分母（工人数）的序时平均数，再加以对比，就是我们要计算的平均月劳动生产率。最终再把该年上半年的平均月劳动生产率与去年的平均月劳动生产率比较，即可知提高了多少（a 代表产量，b 代表工人数）。

具体方法：（1）产量是时期指标，采用简单算术平均法。

$$\bar{a} = \frac{\sum a}{n} = \frac{4950 + 5500 + 5355 + 5565 + 6240 + 4400}{6}$$

$$= \frac{32010}{6} = 5335（件）$$

（2）月末工人数是时点指标，而且时点间隔相等，采用"首末折半法"。

$$\bar{b} = \frac{\frac{b_1}{2} + b_2 + b_3 + \cdots + \frac{b_n}{2}}{n-1}$$

$$= \frac{\frac{560}{2} + 540 + 460 + 560 + 500 + 540 + \frac{560}{2}}{7-1}$$

$$= \frac{3160}{6} = 526.6 \approx 527（人）$$

$$\bar{c} = \frac{\bar{a}}{\bar{b}} = \frac{5335}{527} = 10.12（件／人）$$

（3）该年上半年与去年上半年比较，提高的百分比为：

$$\frac{10.12}{10} - 100\% = 1.2\%$$

第二部分 各章常见题型分析

第一章 统计总论

本章的练习和考试题型主要有判断题、单项选择题、多项选择题、填空题和简答题。

一、判断题

本章的判断题在分析和答题时主要有两种情况：①以正确的结论直接判断对错（如例1）；②在进行分析的基础上，对正确和错误作出判断（如例2）。

例1：社会经济统计的研究对象是社会经济现象总体的各个方面。（×）

【解题思路】首先，必须明确社会经济统计的研究对象是社会经济现象总体的数量特征和数量关系，然后再分析题目所叙述的内容是否正确。显然，本题所说的"是社会经济现象的各个方面"是不对的。原判断是错误的。

例2：将某公司所属5个企业作为一个总体，5个企业的职工人数分别为500人、600人、650人、800人和1000人，这几个职工人数的数据是变量值。（√）

【解题思路】统计指标是说明总体的，如5个企业的职工总数就是统计指标；而5个企业的职工人数只是数量标志，又因为其是可变的，也是变量。各企业具体的人数是变量在总体各单位的具体表现，因而是变量值，也称为标志值。故原判断是对的。

二、单项选择题

本章的单项选择题在分析和答题时有两种情况：①根据概念

或有关原理分析选择正确答案（如例1）；②通过筛选的方法，把错误的命题排除后，就可选择出正确的答案（如例2）。

例1：某市有3080家工业企业，若研究该市工业企业产品质量的情况，则总体单位是（C）。

A. 每个工业企业　　　　B. 3080家工业企业
C. 每一件产品　　　　　D. 所有工业产品

【解题思路】总体单位是根据总体的性质、范围来确定的。本题研究"产品"情况，因而所有产品是总体，每一件产品是总体单位，企业只有在研究"企业情况"时才能作为总体或总体单位。所以，答案是C。

例2：下列属于质量指标的是（D）。

A. 职工人数　　　　　　B. 工资总额
C. 总费用　　　　　　　D. 劳动生产率

【解题思路】质量指标是用相对数或平均数表示的指标，在可供选择的答案中，A、B、C都是用绝对数表现的数量指标，只有D为平均数，属于质量指标，故答案为D。

三、多项选择题

分析和答题的方法与单项选择题大致相同。

例：下列各项中，哪些属于统计指标？（ACDE）

A. 我国2008年国民生产总值

B. 某同学该学期平均成绩

C. 某地区已出生人口数

D. 某企业全部工人生产某种产品的人均产量

E. 某市工业劳动生产率

【解题思路】首先，明确所谓统计指标是反映实际存在的社会经济现象总体某一综合数量特征的社会经济范畴。理解这个概念的关键词是"社会经济现象总体"、"综合数量特征"。其次，依据统计指标的内涵,在备选答案中将满足概念要求的答案选出即可。故答案为 A、C、D、E。

四、填空题

本章填空题所要填写的内容大部分是一些基本概念或关键的内容、方法等。

例1:统计工作与统计资料的关系是<u>过程</u>和<u>成果</u>的关系;统计工作与统计学的关系是<u>实践</u>和<u>理论</u>的关系。

【解题思路】"统计"包括三个方面的含义:统计工作、统计资料和统计学。统计工作与统计资料的关系是过程和成果的关系;统计工作与统计学的关系是实践与理论的关系。

例2:国家统计兼有<u>信息</u>、<u>咨询</u>、<u>监督</u>三种系统的职能。

【解题思路】回答这道题,只要把统计的职能包括几个方面弄清楚就行了。

五、简答题

本章的简答题主要考查学员对基本概念、有关原理的理解程度,或者它们之间的联系与区别。

例:如何认识总体与总体单位的关系?

【解题思路】总体和总体单位是统计学中的基本概念,回答本题时,要先解释这两个概念,然后说明两者的关系。

答案具体如下:

统计总体是统计研究的具体对象,是根据一定的目的和要求所确定的研究事物的全体。它是由客观存在的、具有某种共同性质的许多个别单位构成的整体。总体单位是指构成总体的个体单位,它是组成统计总体的基本单位。总体和总体单位的概念并不是固定不变的,而是随着研究目的的不同而变化:统计总体可以转化为总体单位,总体单位也可以转化为统计总体。

第二章 统计调查

本章的练习和考试题型主要有判断题、单项选择题、多项选择题、填空题和简答题。

一、判断题

本章的判断题在分析和答题时主要有两种情况：①以正确的结论直接判断对错（如例1）。②在进行分析的基础上，对正确和错误作出判断。本章以这种情况的判断题居多（如例2）。

例1：统计的基本要求是准确性和及时性。（√）

【解题思路】统计调查是向客观实际搜集资料的过程，可靠性和时效性是其基本要求。故原判断是正确的。

例2：全面调查包括普查和统计报表。（×）

【解题思路】普查是全面调查，而统计报表既可以是全面统计报表，也可以是非全面统计报表。因而，原判断是错误的。

二、单项选择题

本章的单项选择题在分析和答题时有两种情况：①根据概念或有关原理分析选择正确答案（如例1）；②通过筛选的方法，把错误的命题排除后，就可选择出正确的答案（如例2）。

例1：某市规定2006年工业企业年报的呈报时间为2007年1月31日前，则调查时间和调查期限分别为（B）。

A. 一个月、一年　　　B. 一年、一个月
C. 一年、一天　　　　D. 一年零一个月、一天

【解题思路】调查时间是指统计资料所属的时间，调查期限是指统计资料的填写和报送时间。所以，本题的调查时间为一年，调查期限为一个月。故应选择B。

例2：下列统计调查中，调查单位和填报单位一致的是（D）。

A. 企业设备调查　　　B. 人口普查
C. 农村牲畜调查　　　D. 工业企业现状调查

【解题思路】A 中的设备为调查单位，企业为填报单位；B 中每个人为调查单位，填报单位是居委会、村委会或工作单位；C 的调查单位为牲畜，填报单位是其主人。可见，以上三个答案都是不对的。而 D 的调查单位和填报单位都是工业企业，故应选择 D。

三、多项选择题

答题的方法主要是根据概念或有关原理分析选择正确答案。

例1：我国统计调查的方法有（ABCDE）。

A. 普查　　　　　　　B. 抽样调查
C. 统计报表　　　　　D. 重点调查
E. 典型调查

【解题思路】以上五种方式都是我国进行调查、获取统计资料的手段。就目前而言，必要的周期性普查是基础，经常性的抽样调查为主体，同时辅之以重点调查、科学推算和少量的全面报表综合运用。故答案应为 A、B、C、D、E。

例2：在工业企业设备普查中，（BE）。

A. 全部工业企业是调查对象

B. 工业企业的全部设备是调查对象

C. 每台设备是调查单位和调查内容

D. 所有工业企业的设备数量是数量标志

E. 每个工业企业是填报单位

【解题思路】从研究目的和研究对象来看，全部设备为总体，即调查对象；调查内容是指标志，即设备类型、使用年限等。如果研究企业的生产情况，则企业的设备数量为数量标志。因而，正确的答案是 B、E。

四、填空题

本章填空题所要填写的内容大部分是一些基本概念或关键的内容、方法等。

例1：统计调查按其所包括的范围不同，可分为<u>全面调查</u>和<u>非全面调查</u>。

【解题思路】这是有关统计调查的种类的内容。统计调查按其所包括的范围不同，分为全面调查和非全面调查。

例2：对某市全部商业企业职工的生活情况进行调查，则调查对象是该市的<u>每一个职工</u>。

【解题思路】由于研究目的是"职工"问题，其总体——调查对象是全部职工，故调查单位是每一个职工。

五、简答题

本章的简答题主要考查学员对基本概念、有关原理的理解程度，或者它们之间的联系与区别。

例：重点调查、典型调查与抽样调查这三种非全面调查的区别是什么？

【解题思路】先勾画出这三种非全面调查的不同之处：

三种调查的区别 $\begin{cases} \text{选取调查单位的方式不同} \\ \text{调查目的不同} \\ \text{推断总体指标的准确性和可靠程度不同} \end{cases}$

然后，按此思路答题，说明其区别所在。
答案具体如下：
三种非全面调查的区别主要表现在：
（1）选取调查单位的方式不同。重点调查是根据单位标志总量占总体标志总量的比重来确定调查单位的;典型调查是依据对总体的分析,有意识地选取调查单位;抽样调查是按随机原则抽选调查单位。

(2)调查目的不同。重点调查的目的是通过对重点单位的调查,掌握总体的基本情况;抽样调查的目的是通过对部分单位的调查结果来推算总体的数量特征;典型调查的目的是用以说明同类记录发展变化的趋势和规律性。

(3)推断总体指标的准确性和可靠程度不同。重点调查不能用来推断总体总量;抽样调查是按随机原则选取调查单位,因而在给定的概率和误差范围条件下,可保证推断的准确性和可靠性;而典型调查的调查单位是有意识地选择的,因而难以保证推断结果的准确性和可靠性,推断误差既不确定,也不能控制。

第三章 统计整理

本章的练习和考试题型主要有判断题、单项选择题、多项选择题、填空题、简答题和计算题。

一、判断题

本章的判断题在分析和答题时主要有三种情况:①以正确的结论直接判断对错(如例1);②通过一定的计算作出判断(如例2);③在进行分析的基础上,对正确和错误作出判断(如例3)。

例1:统计表的主词栏是说明总体各种统计指标的。(×)

【解题思路】统计表主词和宾词所反映的内容不同。主词是统计表所要说明的总体、总体的各个组或各个单位的名称;宾词是用来说明主词的各种统计指标。可见,这道题是错误的。

例2:按人记录的100名工人的日产量资料显示,最高日产量为38件,最低为19件。若要对这100名工人按日产量进行等

距分组,组数为5,则组距也应为5。(×)

【解题思路】 该题中全距为 38 - 19 = 19,组数为 5,则组距 = 19 ÷ 5 = 3.8 件,即组距应为 4 件。

例3:统计分组的关键是确定组限与组距,其核心是确定组限。(×)

【解题思路】 这里说的是"关键",统计分组的关键是什么呢?我们可举一例子来分析。某居民小组10户共23人。甲、乙、丙三人根据各自的目的要求去调查,根据调查资料作出3种不同的分组,并在各自分组的基础上整理成表1、表2、表3。

表1

性 别	人 数	比重(%)
男	11	47.83
女	12	52.17
合计	23	100

表2

每户人数	户 数	比重(%)
1	2	20
2	3	30
3	5	50
合计	10	100

表3

每户月收入（元）	户数	比重（%）
2000 以下	1	10
2000—3000	5	50
3000—4000	4	40
合计	10	100

在这里，甲的分组标志是"性别"（品质标志），乙的分组标志是"人数"（数量标志，属连续型变量），而丙的分组标志是"收入"（数量标志，属连续型变量）。甲的分组标志选定后，分组界限便明确了，而乙、丙的分组情况则不同。分组标志确定后，还要划分好各组的界限。从以上的例子可以看出，选择什么样的标志就有什么样的分组、什么样的分组体系，因此，统计分组的关键是选择分组标志和划分各组界限，其核心是选择分组标志。因此，这道题的断语是错误的。

二、单项选择题

本章的单项选择题在分析和答题时主要有两种情况：①根据概念或有关原理分析选择正确答案（如例1）；②通过筛选的方法，把错误的命题排除后，就可选择出正确的答案（如例2）。

例1：统计调查方案的首要问题和统计分组的关键问题分别是（A）。

　　A. 确定调查目的、选择分组标志
　　B. 确定调查对象、选择分组形式
　　C. 确定调查内容、选择分配形式
　　D. 确定调查项目、选择分组数量

【解题思路】这道题结合了第二章和第三章的内容。调查目的决定调查对象、调查单位、调查内容和调查项目，因此统计调查方案的首要问题是确定调查目的；统计分组标志的选择是分组的第一步，其合适、正确与否，决定分组及统计分析的成败，因而统计分组的关键是选择分组标志。

例2：下面各组均有两个变量，前一个是连续变量，而后一个是离散变量的一组是（D）。

A. 计划完成程度和设备的能力
B. 工人数和工时利用率
C. 工人的技术等级数和劳动生产率
D. 劳动生产率和工人的技术等级

【解题思路】计划完成程度、设备的能力、工时利用率、劳动生产率都是连续变量，它们的取值都可以是连续不断、可以用小数表示的。而工人数和工人的技术等级数则是离散变量，它们的取值通常用整数形式表示。因此，不能选 A、B、C，只能选 D。

三、多项选择题

答题的方法主要是根据概念或有关原理分析选择正确答案。

例：某地区对企业按工人人数的多少分为两组，下列五种分组方法中，正确的方法是（ACE）。

A. 300 人以下，300—500 人
B. 300 人以下，300—500 人（不含 300）
C. 300 人以下，301—500 人
D. 300 人以下，310—500 人
E. 299 人以下，300—499 人

【解题思路】这里必须首先明确，"人数"是离散型变量，且变动幅度很大，因此应该采用组距式分组。离散型变量分组时既可以采用"重叠式"组限表示（如 A），也可以采用"间断式"

组限表示（如 C、E）。不管是采用"重叠式"还是采用"间断式"，都必须把所有的变量值包含在整个分组当中。如果有一个企业有 300 个工人，这 300 人（变量值）应归入 A 的后一组中（作下限，属于一般规定）；或归入 C 的第一组中（作上限，属于特殊情况），而 B 方法则把这个变量值遗漏了，D 方法则把 301—309 的几个变量值遗漏了，所以只有 A、C、E 是正确的。

四、填空题

本章填空题所要填写的内容大部分是一些基本概念或关键的内容、方法等。

例1：在组距数列中，表示各组界限的变量值称为<u>组限</u>，各组上限与下限之间的中点值称为<u>组中值</u>。

【解题思路】本题主要是检查我们对基本概念的理解。根据我们所学的统计分组知识可知，在组距数列中，组距两端的数值称为组限，其中每组的最小值称为下限，最大值称为上限。上下限之间的中点数值称为组中值。

例2：统计分组按分组标志的多少分为<u>简单分组</u>和<u>复合分组</u>。

【解题思路】本题主要检查我们对分组种类的掌握情况。统计分组按分组标志的多少来划分，分为简单分组和复合分组。

五、简答题

本章的简答题主要考查学员对基本概念的掌握（如例1）和对有关原理的理解程度（如例2）。

例1：统计分组可以进行哪些分类？

【解题思路】回答本题，只需把统计分组的种类说清楚就可以了。

答案具体如下：

统计分组可以按分组的任务和作用、分组标志的多少以及分组标志的性质等方面来进行分类。按分组的任务和作用可分为类型分组、结构分组和分析分组;按分组标志的多少可分为简单分组和复合分组;按分组标志的性质可分为品质分组和变量分组。

例2:某管理局对其所属企业按生产计划完成程度进行如下4种分组:

第一种	第二种	第三种	第四种
100%以下	80%以下	90%以下	85%以下
100%—110%	80.1%—90%	90%—100%	85%—95%
110%以上	90.1%—100%	100%—110%	95%—105%
	100.1%—110%	110%以上	105%—115%
	110.1%以上		115%以上

请指出上述4种分组中哪几种是错误的,为什么?

【解题思路】 本题是以实际分组为例,要求运用统计分组中连续型变量分组的方法进行分析和说明。

答案具体如下:

本题第二种和第四种分组是错误的。因为,生产计划完成百分比属于连续变量,连续变量分组时应采用"重叠式"组限表示方法,可以确保所有的变量值包括在整个分组当中,而不至于发生遗漏或重复计算。第二种分组法采用的是"间断式"组限表示方法,不可能包括所有可能出现的变量值。第四种分组法在组限表示方法上没有错误,但是它在第三组中将未完成和超额完成计划的单位归在一组,没能把不同性质的事物区分开来,显然不符合分组的要求。

六、计算题

本章的计算题主要是有关变量数列的编制的内容。

例：某车间同工种的40名工人完成个人生产定额百分数如下：

```
 97   88  123  115  119  158  112  146  117  108
105  110  107  137  120  136  125  127  142  118
103   87  115  114  117  124  129  138  100  103
 92   95  113  126  107  108  105  119  127  104
```

请根据上述资料，编制变量分配数列，并进一步编制累计频数和累计频率数列。

【解题思路】 此题要求运用统计整理中编制分配数列的方法，将这40名工人完成个人生产定额百分数整理成分配数列的形式，用统计表表现出来。编制分配数列的第一步是编序列，求全距。本题的全距是70（158 - 88）；然后以全距作参考，考虑分组标志的特点，确定组距和组数。生产定额百分数一般以100%作为完成的目标，低于100%视作未完成，高于100%视为超额完成。

具体方法：

（1）确定分组标志，求全距。该题应以"个人生产定额百分数"作为分组标志；全距 = 158 - 88 = 70

（2）确定组数和组距。本题以分4组为宜，其中100%以下这一组已包含了最小值88；140%—160%这一组包含了最大值158。组距为20。

（3）用表格的形式表示分配数列，并进一步计算累计频数和累计频率（累计频数和累计频率的计算均有向上累计和向下累计两种方法，未特别说明的，选其中一种即可）。

答案具体如下：

工人生产定额（%）	人数（人）	频率（%）	累计频数（人）（向上累计）	累计频率（人）（向上累计）
100 以下	5	12.5	5	12.5
100—120	21	52.5	26	65
120—140	11	27.5	37	92.5
140—160	3	7.5	40	100
合计	40	100	—	—

第四章 综合指标

本章的练习和考试题型主要有判断题、单项选择题、多项选择题、填空题、简答题和计算题。

一、判断题

本章的判断题在分析和答题时主要有三种情况：①以正确的结论直接判断对错（如例1）；②通过一定的计算作出判断（如例2）；③在进行分析的基础上，对正确和错误作出判断（如例3）。

例1：相对指标就是质量指标。（×）

【解题思路】要正确作出判断，必须对相对指标和质量指标的概念有一个明确的认识。质量指标是指反映社会经济现象的相对水平或工作质量的统计指标；相对指标只是质量指标的一种。因此这题的断语是错误的。

例2：某厂生产某种产品的单位成本，计划在去年的基础上降低4%，实际降低了5%，则成本降低计划的完成程度为98.96%。（√）

【解题思路】此类题要先计算，再作判断。按计划数为相对数时下达计划任务的特点，其计算方法应为：（100% －5%）÷（100% －4%）＝98.96%，然后对照题目中的答案，可见此题的结论是对的。

例3：对于平均水平相同的两组数据，比较其平均数的代表性，可以采用标准差指标。（√）

【解题思路】比较分析平均数的代表性，要区分两种情况：①对于平均水平相同的两组数据，可以直接用标准差比较平均数代表性的大小：标准差大，平均数的代表性就小；标准差小，平均数的代表性反而大。②对于平均水平不同的两组数据，就不能直接用标准差比较平均数代表性的大小，而应用标准差系数：标准差系数大，平均数的代表性就小；标准差系数小，平均数的代表性反而大。可见此命题是对的。

二、单项选择题

本章的单项选择题在分析和答题时主要有三种情况：①根据概念或有关原理分析选择正确答案（如例1）；②通过筛选的方法，把错误的命题排除后，就可选择出正确的答案（如例2）；③根据已知的数字资料，先进行计算，然后确定和选出正确答案（如例3）。

例1：计算平均指标最常用的方法和最基本的形式是（A）。

A. 算术平均数　　　　　B. 调和平均数
C. 众数　　　　　　　　D. 中位数

【解题思路】在计算平均指标的几种方法中，算术平均数是最常用和最基本的。因此，本题的结论十分清楚，不用分析，就可直接选出答案A。

例2：2008年某地区新批准83个利用外资项目，这个指标属于（B）。

A. 时点指标 B. 时期指标
C. 动态相对指标 D. 比较相对指标

【解题思路】一个地区一年内新批准的利用外资项目，是可以累计的，这就可以判断它不是时点指标，就可以把 A 排除，剩下 B、C、D。因为利用外资项目的数量也不是相对指标，也就可以把 C、D 排除。故答案为 B。

例3：某企业工人劳动生产率，计划提高 5%，实际提高了 10%，则劳动生产率的计划完成程度为（A）。

A. 104.76% B. 95.45%
C. 200% D. 4.76%

【解题思路】此类题要先计算，再作选择。按计划数为相对数时下达计划任务的特点，其计算方法应为：（100% + 10%）÷（100% + 5%）= 104.76%，然后对照题目中的答案，选出正确的那一个。

三、多项选择题

答题的方法主要是根据概念或有关原理分析选择正确答案。

例1：在各种平均指标中，不受极端数值影响的平均指标是（DE）

A. 算术平均数 B. 调和平均数
C. 几何平均数 D. 中位数
E. 众数

【解题思路】在备选答案所提到的五种平均指标中，中位数和众数被称为位置平均数，中位数是指处于数列中点位置的那个标志值，众数是指在总体中出现次数最多的变量值，它们都不受极端数值的影响。故答案为 D、E。

例2：在（ADE）条件下，加权算术平均数等于简单算术平均数。

A. 各组次数相等　　　　　　B. 各组变量值相等
C. 变量数列为组距数列　　　D. 各组次数为 1
E. 各组次数占总次数的比重相等

【解题思路】如果各组次数（权数）相等或都等于 1，则各组次数占总次数的比重也相等，因此计算平均数的加权式就等同于简单式。故答案为 A、D、E。

四、填空题

本章的填空题在答题时有以下三种情况：①对概念、要点等十分明确的结论，直接填入答案即可（如例 1）；②进行简单的计算后才能填上正确答案的（如例 2）；③需要在分析的基础上总结出正确结论后，再填入答案（如例 3）。

例 1：检查长期计划的完成情况，有<u>水平法</u>和<u>累计法</u>两种检查方法。

【解题思路】这题的答案是很明确的，只需知道检查长期计划的方法即可。

例 2：某企业产品产量，计划提高 8%，实际提高了 15%，则超额完成计划 <u>6.48%</u>。

【解题思路】本题应根据计划数为相对数时计算计划完成程度的方法，计算出正确数字后再填入空格内。计算方法为：

$$\text{计划完成}(\%) = \frac{100\% + \text{实际提高的百分数}}{100\% + \text{计划提高的百分数}}$$

$$= \frac{100\% + 15\%}{100\% + 8\%} = 106.48\%$$

则超额完成计划为：106.48% − 100% = 6.48%。

例 3：2007 年某校录取的女生平均年龄为 17 岁，男生平均年龄为 18 岁。2008 年录取女生的比重增加了 5%。假如 2008 年录取的男女生的平均年龄同 2007 年一样，则 2008 年录取男女生的总平均年龄<u>降低</u>。

【解题思路】算术平均数的大小受两个因素的影响：一是各单位的标志值，二是作为权数的各组单位数占总体单位数的比重。题目中的男女生的平均年龄不变，就相当于第一个因素不变；女生的比重增加5%，就说明第二个因素变了，会影响平均年龄向女生的年龄靠近，所以，2008年的总平均年龄降低了。

五、简答题

本章的简答题主要考查学员对基本概念的掌握（如例1）、对有关原理的理解程度以及对其联系与区别的分析（如例2）。

例1：什么是总体单位总量和总体标志总量？

【解题思路】这是一道相当简单的简答题，只需回答这两个概念就行了。

答案具体如下：

总体单位总量指总体内所有单位的总数，它反映总体规模的大小；总体标志总量指总体中各单位标志值的总和，它反映总体综合数量特征。

例2：强度相对指标和其他相对指标的主要区别是什么？

【解题思路】必须对强度相对指标和其他相对指标（结构、比较、比例、计划完成程度、动态等相对指标）的特点有充分的认识，才能回答这一问题。其区别有三：指标的含义不同；计算结果的表现形式不同；有正逆指标之分。

答案具体如下：

强度相对指标和其他相对指标的主要区别是：

（1）其他相对指标都属于同一总体内的数量进行对比，而强度相对指标除此之外，也可以是两种性质不同但又有联系的属于不同总体的总量指标之间的对比。

（2）计算结果表现形式不同。其他相对指标用无名数表示，而强度相对指标主要是用有名数表示。

(3) 当计算强度相对指标的分子、分母的位置互换后,会产生正指标和逆指标,而其他相对指标不存在正逆指标之分。

六、计算题

本章的计算题内容较多,包括相对指标、平均指标和变异指标的计算,其中平均数的计算、标准差及标准差系数的计算是重点的计算内容。本章题目的特点是:在统计整理的基础上,给出相应的数据资料,要求运用所学的概念、公式、关系进行计算和分析。计算过程中,除必须的三个主要步骤(列出计算公式;代入具体数字;写出计算结果)外,对于一些合计数的计算,可通过列出计算表的形式加以表现。

例1:某厂三个车间一季度生产情况如下。

第一车间实际产量为190件,完成计划的95%;第二车间实际产量250件,完成计划的100%;第三车间实际产量609件,完成计划的105%,三个车间产品产量的平均计划完成程度为:

$$(95\% + 100\% + 105\%) \div 3 = 100\%$$

另外,一车间产品单位成本为18元/件,二车间产品单位成本12元/件,三车间产品单位成本15元/件,则三个车间平均单位成本为:

$$\frac{18+12+15}{3} = 15 (元/件)$$

以上平均指标的计算是否正确?如不正确,请说明理由并改正。

【解题思路】两种计算均不正确。平均计划完成程度的计算,因各车间计划产值不同,不能对其进行简单平均,这样也不符合计划完成程度指标的特定含义。正确的计算方法是:

$$平均计划完成程度 \bar{x} = \frac{\sum m}{\sum \frac{m}{x}} = \frac{190+250+609}{\frac{190}{0.95}+\frac{250}{1.00}+\frac{609}{1.05}}$$

$$= \frac{1049}{1030} = 101.84\%$$

平均单位成本的计算也因各车间的产量不同,不能简单相加,产量的多少对平均成本有直接影响。故正确的计算为:

$$\text{平均单位成本} \bar{x} = \frac{\sum xf}{\sum f} = \frac{18 \times 190 + 12 \times 250 + 15 \times 609}{190 + 250 + 609}$$

$$= \frac{15555}{1049} = 14.83 \text{(元/件)}$$

例2:甲、乙两单位职工人数及日产量资料如下表。

甲单位		乙单位	
日产量(件)	职工人数(人)	日产量(件)	职工人数(人)
145	4	140	5
155	8	160	10
170	15	175	24
185	20	187	15
195	7	197	2
215	3	220	1
合计	57	合计	57

试比较哪一个单位的平均日产量更具有代表性。

【解题思路】要比较哪个单位的平均日产量更有代表性,必须先计算出平均日产量,然后再计算标准差,如果两个单位的平均日产量不同,则必须在计算标准差的基础上,进一步计算标准差系数。通过标准差系数的大小来比较平均日产量的代表性。

本题计算方法和过程如下:

(1) 先列表计算出计算过程所需要的合计数。

甲单位				乙单位			
日产量(件) x	职工人数 (人) f	xf	$(x-\bar{x})^2 f$	日产量(件) x	职工人数 (人) f	xf	$(x-\bar{x})^2 f$
145	4	580	4096	140	5	700	5780
155	8	1240	3873	160	10	1600	1960
170	15	2550	735	175	24	4200	24
185	20	3700	1280	187	15	2805	2535
195	7	1365	2268	197	2	394	1058
215	3	645	4332	220	1	220	2116
合计	57	10080	16584	合计	57	9919	13473

(2) $\bar{x}_{甲} = \dfrac{\sum xf}{\sum f} = \dfrac{10080}{57} = 176.84 \approx 177 (件)$

$\bar{x}_{乙} = \dfrac{\sum xf}{\sum f} = \dfrac{9919}{57} = 174.02 \approx 174 (件)$

(为方便下一步计算标准差,这里的平均指标以取整数为宜)

(3) $\sigma_{甲} = \sqrt{\dfrac{\sum (x-\bar{x})^2 f}{\sum f}} = \sqrt{\dfrac{16584}{57}} = 17.06 (件)$

$\sigma_{乙} = \sqrt{\dfrac{\sum (x-\bar{x})^2 f}{\sum f}} = \sqrt{\dfrac{13473}{57}} = 15.4 (件)$

(4) $v_{甲} = \dfrac{\sigma_{甲}}{\bar{x}_{甲}} = \dfrac{17.06}{177} = 9.46\%$, $v_{乙} = \dfrac{\sigma_{乙}}{\bar{x}_{乙}} = \dfrac{15.4}{174} = 8.8\%$

因为 $v_{甲} > v_{乙}$,所以乙单位的平均日产量更具有代表性。

第五章 抽样估计

本章的练习和考试题型主要有判断题、单项选择题、多项选择题、填空题、简答题和计算题。

一、判断题

本章的判断题在分析和答题时主要有三种情况：①以正确的结论直接判断对错（如例1）；②通过一定的计算作出判断（如例2）；③在进行分析的基础上，对正确和错误作出判断（如例3）。

例1：样本成数是指在样本中具有被研究标志表现的单位数占全部样本单位数的比重。（√）

【解题思路】本题断语叙述了样本成数的正确含义。因此原判断是正确的。

例2：假定10亿人口大国和100万人口小国的居民年龄变异程度相同。现在各自用重复抽样的方法抽取本国的1%人口计算平均年龄，两国平均年龄的抽样平均误差是一样的。（×）

【解题思路】两国居民年龄变异程度相同，即 $\sigma_1 = \sigma_2$，又 $\mu = \dfrac{\sigma}{\sqrt{n}}$，这样 μ 的大小取决于 n 的大小。10亿人的大国的1%等于100万，而100万人的小国的1%则为1万。显然，两国居民平均年龄的抽样误差则是大国小而小国大。故原判断错误。

例3：抽样极限误差总是大于抽样平均误差。（×）

【解题思路】抽样极限误差是样本指标与全及指标之间误差的可能范围，它与抽样平均误差的数量联系用公式可表示为：$\Delta = t\mu$。因此，二者的大小在一定程度上取决于 t 的大小，t 是概率度，它的直观的意义是代表抽样平均误差的倍数，它与抽样估计的可靠程度有关。由正态分布的概率表得知 t 在 $0 \sim 5$ 之间变动。所以,抽样极限误差可能大于也可能小于抽样平均误差。

二、单项选择题

本章的单项选择题在分析和答题时主要有三种情况:①根据概念或有关原理分析选择正确答案(如例1);②通过筛选的方法,把错误的命题排除后,就可选择出正确的答案(如例2);③根据已知的数字资料,先进行计算,然后确定和选出正确答案(如例3)。

例1:反映抽样指标与总体指标之间抽样误差可能范围的指标是(B)。

A. 抽样平均误差　　　　　B. 抽样极限误差
C. 抽样误差系数　　　　　D. 概率度

【解题思路】首先,要分清抽样误差、抽样平均误差、抽样极限误差等几个概念。抽样误差是指由于随机抽样的偶然因素使样本各单位的结构不足以代表总体各单位的结构,而引起抽样指标和全及指标之间的绝对离差;抽样平均误差是反映抽样误差一般水平的指标,即它反映了抽样指标和总体指标的平均离差程度;而抽样极限误差是从另一个角度来考察抽样误差的问题,以样本的抽样指标来估计总体指标,要达到完全无误是不可能的,总有误差存在,那么,抽样指标和总体指标之间的可能误差范围的确定,则是在进行抽样估计时要考虑的。这就是抽样极限误差。

例2:是非标志标准差的取值范围是(B)。

A. $0 \leqslant \sigma \leqslant 1$　　　　　B. $0 \leqslant \sigma \leqslant 0.5$
C. $0 \leqslant \sigma \leqslant 0.25$　　　　D. $0.25 \leqslant \sigma \leqslant 0.5$

【解题思路】是非标志标准差 σ 决定于 p 和 q 的乘积,如果 p 和 q 有一个等于 0,则 σ 也等于 0。同时,p 和 q 是同一总体内的两个比率，存在着此消彼长的关系，二者相辅相成。例如：

p	q	pq	σ
1	0	0	0
0.9	0.1	0.09	0.3
0.6	0.4	0.24	0.4899
0.5	0.5	0.25	0.5

可见，是非标准差的最小值是 0，最大值是 0.5。

例 3：在其他条件不变的情况下，抽样单位数增加 1 倍，则重复抽样的抽样平均误差为（A）。

A. 缩小为原来的 70.71%

B. 扩大为原来的 1 倍

C. 扩大为原来的 1.5 倍

D. 扩大为原来的 2 倍

【解题思路】因为抽样单位数增加 1 倍，则：

$$\mu = \frac{\sigma}{\sqrt{2n}} = \frac{\sigma}{\sqrt{2} \times \sqrt{n}} = \frac{1}{1.4142}$$

即：

$\frac{\sigma}{\sqrt{n}} = 0.7071\mu$（重复抽样的抽样平均误差缩小为原来的 0.7071 倍）

三、多项选择题

答题的方法主要是根据概念或有关原理分析选择正确答案。

例：下列关于极限误差、平均误差和概率度之间关系陈述正确的有（BDE）。

A. 概率度一定时，平均误差越大，则极限误差越小

B. 概率度一定时,平均误差越大,则极限误差越大
C. 平均误差一定时,概率度越大,则极限误差越小
D. 平均误差一定时,概率度越大,则极限误差越大
E. 极限误差一定时,平均误差越大,则概率度越小

【解题思路】因为 $t = \dfrac{\Delta}{\mu}$,在 t 一定时,μ 越大,则 Δ 也越大;在 μ 一定时,t 越大,则 Δ 越大;在 Δ 一定时,μ 越大,则 t 越小。

四、填空题

本章的填空题在答题时有以下两种情况:①对概念、要点等十分明确的结论,直接填入答案即可(如例1);②进行简单的计算后才能填上正确答案(如例2)。

例1:在抽样推断中,根据样本各单位标志值或标志属性计算的综合指标称为**统计量(样本指标)**。

【解题思路】样本是从全及总体随机抽取出来的,作为代表这一总体的那部分单位组成的集合体;而根据样本各单位标志值或标志属性计算的综合指标称为统计量或样本指标。因此,只要区分样本总体和全及总体的概念,这题就可直接填入答案。

例2:在其他条件不变的情况下,如果抽样误差减少20%,则重复抽样的样本单位数为原来的 1.56 倍。

【解题思路】从公式 $\mu = \dfrac{\sigma}{\sqrt{n}}$ 移项得:$n = \dfrac{\sigma^2}{\mu^2}$,在抽样误差减少20%时,则有:

$$n = \frac{\sigma^2}{(0.8\mu)^2} = \frac{1}{0.64} \cdot \frac{\sigma^2}{\mu^2} = 1.56n$$

即样本单位数为原来的 1.56 倍。

五、简答题

本章的简答题主要考查学员对基本概念的掌握（如例1）、对有关原理的理解（如例2）。

例1：什么是抽样误差？它的大小受哪些因素的影响？

【解题思路】本题主要考查学生是否能记住抽样误差概念及其影响因素。根据掌握的内容直接回答就可以。

答案具体如下：

抽样误差是指由于随机抽样的偶然因素，使样本各单位的结构不是以代表总体各单位的结构，而引起抽样指标和全及指标之间的绝对离差。它的大小受以下因素的影响：总体各单位标志值的差异程度；样本单位数；抽样方法；抽样调查的组织形式。

例2：简述抽样平均误差与抽样极限误差的关系。

【解题思路】要回答这一道题，要从其异同两个方面说明。"同"是指两个都是反映抽样误差大小的指标；"异"是指两者的不同点，有三个方面：概念范围不同；影响误差大小的因素不同；二者的计算方法不同。

答案具体如下：

抽样平均误差和抽样极限误差都是反映抽样误差大小的指标，抽样极限误差是在抽样平均误差的基础上计算得到的。二者的关系是：$\Delta = t \cdot \mu$。但是二者又有不同的地方，首先，抽样平均误差反映的是所有样本指标与全及指标的平均离差程度；而抽样极限误差反映的是可允许的误差范围。其次，影响误差大小的因素不同，抽样平均误差受到总体各单位标志值的离散程度、样本单位数的多少、抽样方法等因素的影响；而抽样极限误差除了受到抽样平均误差的影响外，还受到抽样估计精度的影响。最后，二者的计算方法不同。抽样平均误差根据实际的样本资料计算得到，而抽样极限误差是根据估计程度的要求，对抽样平均误差进行扩大或缩小以后得到的。

六、计算题

本章计算题的内容主要集中在抽样误差的计算和区间估计方面。其特点表现在两方面：①运用本章所学的概念、公式、关系进行计算和分析（如例1）；②结合第四章平均数和标准差的内容，运用本章所学的概念、公式、关系进行计算和分析（如例2）。计算过程中，要有三个主要的步骤（列出计算公式；代入具体数字；写出计算结果）；对于一些合计数的计算，可通过列出计算表的形式加以表现。

例1：某单位从全部职工中随机抽取196名进行调查，得知全年平均收入为28600元。标准差为840元，其中有存款的职工为147人。要求在95.45%（$t=2$）的概率保证程度下，分别对全部职工每人年平均收入和存款职工比重进行区间估计。

【解题思路】本题要求运用抽样误差的计算方法和区间估计的方法对人均年收入（平均数）和存款职工比重（成数）进行区间估计。因为没有全及总体（N）的资料，故只能用重复抽样条件下的计算公式进行计算。

计算过程如下：

已知 $\bar{x}=28600$ 元，$\sigma=840$ 元，$p=147\div196=75\%$，$t=2$，$n=196$。

(1) $\mu_{\bar{x}} = \dfrac{\sigma}{\sqrt{n}} = \dfrac{840}{\sqrt{196}} = 60$（元）

$\Delta_{\bar{x}} = t\mu = 2\times60 = 120$（元）

年收入区间：$\bar{x}-\Delta_{\bar{x}} \leq \bar{x} \leq \bar{x}+\Delta_{\bar{x}}$ 即 28600 ± 120，全部职工每人年平均收入为28480—28720元。

(2) $\mu_p = \sqrt{\dfrac{p(1-p)}{n}} = \sqrt{\dfrac{75\%\times25\%}{196}} = 3.1\%$

$$\Delta_p = t\mu_p = 2 \times 3.1\% = 6.2\%$$

存款比重区间：$p - \Delta_p \leqslant P \leqslant p + \Delta_p$

即：$75\% \pm 6.2\%$

则存款比重区间为 $68.8\% — 81.2\%$。

例2：某外贸公司出口一种茶叶，规定每包规格不低于150克，现在用不重复抽样的方法抽取其中1%进行检验，其结果如下表。

每包重量（克）	包　数
148—149	10
149—150	20
150—151	50
151—152	20

要求：(1) 以99.73%的概率保证程度估计这批茶叶平均每包重量的范围，以便确定平均重量是否达到规格要求。

(2) 以同样的概率保证估计这批茶叶合格率的范围。

【解题思路】这是一个综合性较强的题目，要结合平均指标、变异指标及平均数的区间估计等内容来计算。本题有两个计算要求，先分析第一个。

(1) 要估计这批茶叶的平均每包重量范围，应先根据已知资料，计算出组中值、样本平均数、样本标准差、抽样平均误差、极限误差，然后才能进行区间估计。

具体计算过程：

1) 先列出计算表。

组中值（x）	包数（f）	xf	$(x-\bar{x})^2 f$
148.5	10	1485	32.4
149.5	20	2990	12.8
150.5	50	7525	2.0
151.5	20	3030	28.8
合计	100	15030	76

2）然后进行计算分析。

抽样平均数 $\bar{x} = \dfrac{\sum xf}{\sum f} = \dfrac{15030}{100} = 150.3$（克）

样本标准差 $\sigma_x = \sqrt{\dfrac{\sum (x-\bar{x})^2 f}{\sum f}} = \sqrt{\dfrac{76}{100}} = 0.872$（克）

抽样平均误差 $\mu_x = \sqrt{\dfrac{\sigma^2}{n}(1-\dfrac{n}{N})}$

$\qquad\qquad = \sqrt{\dfrac{0.872^2}{100}(1-1\%)} = 0.087$

因为 $t = 3$，所以 $\Delta_x = t\mu_x = 3 \times 0.087 = 0.26$（克）

区间估计的形式：$\bar{x} - \Delta_x \leqslant x \leqslant \bar{x} + \Delta_x$

$\qquad\qquad 150.3 - 0.26 \leqslant x \leqslant 150.3 + 0.26$

$\qquad\qquad 150.04 \leqslant x \leqslant 150.56$

在99.73%的概率保证程度下，该批茶叶平均每包重量在150.04—150.56克之间，表明这批茶叶平均每包重量达到规格要求。

（2）要估计这批茶叶包装合格率范围，也就是进行成数的区间估计。必须根据已知材料，先计算出样本成数、成数的抽样平均误差，然后进行区间估计。

具体计算过程如下：

样本成数 $p = \dfrac{70}{100} = 70\%$（因为这批产品如果每包重量低于 150 克，就算是不合格。所以从题目所给的资料看，100 包样本中，只有 70 包是合格的）

抽样平均误差 $\mu_p = \sqrt{\dfrac{p(1-p)}{n}\left(1 - \dfrac{n}{N}\right)}$

$= \sqrt{\dfrac{70\%(1-70\%)}{100}(1 - 1\%)}$

$= 0.046 = 4.6\%$

因为 $t = 3$，所以 $\Delta_p = t\mu_p = 3 \times 4.6\% = 13.8\%$

成数区间估计的形式为：

$$p - \Delta_p \leq P \leq p + \Delta_p$$
$$70\% - 13.8\% \leq P \leq 70\% + 13.8\%$$
$$56.2\% \leq P \leq 83.8\%$$

以 99.73% 的概率保证程度估计，该批茶叶的合格率在 56.2%—83.8% 之间。

第六章　假设检验

本章的练习及考试题型主要有判断题、单项选择题、填空题、简答题和计算题。

一、判断题

本章的判断题在分析和答题时主要是以正确的结论直接判断对错。这就要求学员必须对教材的理论和方法相当熟悉。

例：非参数检验是对总体分布不作任何限制性假设的统计检验方法，因此，在任何情况下非参数检验中都无须应用分布理论。（×）

【解题思路】我们知道，非参数检验是一种无分布，因此前段命题正确。但在参数检验中，尤其是在大样本情况下，我们必须借助分布理论才能作出正确的判断，因而后一部分引出一错误结论，所以原命题是错误的。

二、单项选择题

本章的单项选择题在答题时主要有两种情况：①根据概念或有关原理分析选择正确答案（如例1）。②通过筛选的方法，把错误的命题排除后，就可选择出正确的答案（如例2）。

例1：假设职工用于上下班路途的时间服从正态分布，经抽样调查得知这一时间为1.2小时。调查人员根据以往的调查经验，认为这一时间与往年没有多大变化。为了证实这一看法，需采用的假设检验方法有（A）。

A. 双侧检验　　　　　　B. 单侧检验
C. 左单侧检验　　　　　D. 右单侧检验

【解题思路】因为问题只问这一时间与往年相比是否有变化，而没有问大于或小于这个时间，因此属于双侧检验。

例2：已知总体服从正态分布，$H_0 : M = M_0$；样本方差已知，则 M_0 的否定域为（C）。

A. $t \leq -t_\alpha$　　B. $t \geq -t_\alpha$　　C. $|t| \geq t_{\frac{\alpha}{2}}$　　D. $|t| \leq t_{\frac{\alpha}{2}}$

【解题思路】本例是双侧检验，A、B不符合双侧检验的表示方法，先排除，剩下C、D。根据双侧检验的否定域：$t \geq t_{\frac{\alpha}{2}}$ 或 $-t \leq -t_{\frac{\alpha}{2}}$ 这一理论进行分析，发现只有C是正确的。

三、填空题

本章的填空题主要考核对基本理论、基本方法的掌握程度，所要填写的内容绝大部分是一些基本概念，或关键的内容、方法等，往往能从教材的原文中找到。

例：符号检验是建立在用"＋"、"－"两个差数符号表示的样本数据与假设参数值之间的关系基础上的。

【解题思路】本例中,实际上是要求我们依据符号检验的基本方法对"样本数据"与"假设参数值"之间的差数符号进行检验。

四、简答题

本章内容作为简答考核的问题不多,主要是有关概念及其之间的关系等问题,在答题中只要把要点回答清楚即可。

例:什么是第一类错误和第二类错误?它们之间存在何种关系?

【解题思路】答题时,先把概念答清楚,再说明二者关系是一对矛盾及其表现,最后简单说明解决的办法。

答案具体如下:

第一类错误又称弃真错误,即把真的当成了假的而加以拒绝。犯第一类错误的概率就是显著性水平。第二类错误又称为纳伪错误,即把假的不真实的情况当成真的加以接受。犯第二类错误的概率是不确定的。这两类错误是一对矛盾,当我们设法降低犯第一类错误的概率时,犯第二类错误的概率就会提高。要同时达到减少犯两类错误的可能性,只有通过扩大样本容量来实现。

五、计算题

本章作为抽样推断的内容之一,与参数估计既有联系又有区别,主要不同表现在:我们对总体变化情况不了解,须对总体的情况作某种假设,然后应用抽样推断的原理,根据样本观察的实际资料对假设进行检验,判断真伪。

例:已知某厂工人的日产量服从正态分布。根据以往调查经验,工人的平均日产量为 45 件。现抽出 100 名工人进行调查,得知其平均日产量为 46 件,标准差为 4.6 件。根据这一调查结

果可否认为工人的日产量水平没有多大变化？（$\alpha = 0.05$）

【解题思路】从题目所给的资料看，本题要求运用假设检验的方法和程序进行分析，因为此题只问工人的日产量水平有没有变化，所以属于双侧检验的问题。检验步骤如下：

（1）设立原假设和备择假设 $H_0: M = 45$ 件；$H_1: M \neq 45$ 件。

（2）计算样本实际临界值。

$$t = \frac{\bar{x} - M_0}{\frac{\sigma}{\sqrt{n}}} = \frac{46 - 45}{\frac{4.6}{\sqrt{100}}} = 2.17$$

（3）根据给定的显著性水平，确定原假设是否可以接受。

$$\because \alpha = 0.05 \quad 1 - \alpha = 0.95$$
$$\therefore t_{\frac{\alpha}{2}} = 1.96$$

由于 $t = 2.17$，即 $t > t_{\frac{\alpha}{2}}$

所以，拒绝接受原假设，而接受备择假设。即该厂工人的日产量水平有明显的变化。

第七章　相关分析

本章的练习及考试题型有判断题、单项选择题、多项选择题、填空题、简答题和计算题。

一、判断题

本章的判断题要求运用正确的结论，在对命题进行分析的基础上，对其正确和错误作出判断。

例：两变量的相关系数越接近0，相关程度越低。（√）

【解题思路】相关系数是说明相关程度大小的指标，取值范围为 $-1 \leqslant r \leqslant 1$。因此，相关系数越接近1时，相关程度越高；越接近0，相关程度越低。因此，这道题是正确的。

二、单项选择题

本章的单项选择题在分析和答题时主要有两种情况：①根据概念或有关原理分析选择正确答案（如例1）；②通过筛选的方法，把错误的命题排除后，就可选择出正确的答案（如例2）。

例1：在相关分析中，若变量 x 的取值增加时，变量 y 的值随之减少，则两个变量间的关系是（B）。

A. 正相关　　　　　B. 负相关
C. 复相关　　　　　D. 不相关

【解题思路】题目中所述的两个变量的变动方向是相反的，因为在相关关系中，负相关表示两个变量的变动方向相反。因此，题目所说的 x 变量和 y 变量之间的关系是负相关关系。

例2：能够测定变量之间相关关系密切程度的主要方法为（C）。

A. 相关表　　　　　B. 相关图
C. 相关系数　　　　D. 定性分析

【解题思路】以上四种方法都可以测定相关关系，但是最准确、科学的方法是相关系数。单项选择题要求从备选答案中选择出最贴切的答案，因而，本题应选择相关系数。

三、多项选择题

答题的方法主要是根据概念或有关原理分析选择正确答案。

例：直线回归方程 $y_c = a + bx$ 中的 b 称为回归系数，回归系数的作用是（ABE）。

A. 可确定两变量之间因果的数量关系

B. 可确定两变量的相关方向

C. 可确定两变量相关的密切程度

D. 可确定两变量的实际值与估计值的变异程度

E. 可确定当自变量增加一个单位时，因变量的平均增加值

【解题思路】回归系数的含义是：当自变量 x 每增加一个单位时，因变量 y 的平均增加值。当 b 的符号为正时，表示两个变量是正相关；当 b 的符号为负时，表示两个变量是负相关。

四、填空题

本章的填空题主要考核对基本理论、基本方法的掌握，主要有两种情况：①对概念、要点（包括判断相关关系密切程度的一些关键数据）等十分明确的结论，直接填入答案即可（如例1、例2）；②进行简单的计算后才能填上正确答案的（如例3）。

例1：现象之间的相关关系按相关的程度分为<u>完全相关</u>、<u>不完全相关</u>和<u>不相关</u>。

【解题思路】这题很简单，只要掌握了相关关系的分类方法就可回答。

例2：相关系数等于0，说明两变量之间<u>不相关</u>；相关系数等于1，说明两变量之间<u>完全相关</u>。

【解题思路】这是利用相关系数判断相关性质的基本内容。相关系数等于0，说明两变量之间不相关；等于1，为完全相关。

例3：某企业根据产量（千件）和单位产品成本（元/件）资料配合的回归方程为 $y_c = 80 - 10x$。当产量为5000件时，单位成本为<u>30 元/件</u>。

【解题思路】这是利用回归方程进行预测的计算内容，把 $x = 5$（千件）代入回归方程中，得 $y_c = 80 - 10 \times 5 = 30$，计算结果为单位成本 30 元/件。

五、简答题

本章简答题主要是考核有关概念及其之间的关系等问题，在

答题时只要把要点回答清楚即可。

例：什么是相关关系？相关关系和函数关系的区别是什么？

【解题思路】 回答本题，首先要解释相关关系的概念，然后说明两者的区别。

答案具体如下：

相关关系是一种不完全确定的随机关系，在相关关系的情况下，因素标志的每个数值都可能有若干个结果标志的数值与之对应。其区别表现为：相关关系指的是变量之间在数量上确实存在着不确定的依存关系，其关系不是唯一确定的；而函数关系的关系值是唯一确定的值，即给出自变量一个值时，因变量只有一个唯一确定的数值与之相对应。

六、计算题

本章的计算内容主要集中在相关系数、回归方程的建立这两大内容上。要记住的计算公式数量不多，却较为复杂。计算过程中，所用的公式首先要正确，代入具体数字后，运算过程要准确。

例：为研究新产品销售额（x 万元）和利润（y 万元）之间的关系，某公司对6个企业进行调查得出：$\sum x = 225$，$\sum x^2 = 9823$，$\sum y = 13$，$\sum y^2 = 36.7$，$\sum xy = 593$，要求：

（1）计算相关系数；

（2）建立直线回归方程，并指出 b 的具体含义；

（3）若销售额为 50 万元，试估计销售利润为多少。

【解题思路】 从题目所给的资料看，很显然，这是相关分析的内容。相关系数的计算公式很多，要求运用常用公式计算即可；并运用建立简单直线回归方程的方法，建立回归方程并进行估计。

具体计算如下：

(1) 把已知的数据资料代入计算相关系数的常用公式中，计算相关系数。计算时应注意保留分子、分母的数值以便计算回归系数。

$$r = \frac{n\sum xy - \sum x \sum y}{\sqrt{[n\sum x^2 - (\sum x)^2][n\sum y^2 - (\sum y)^2]}}$$

$$= \frac{6 \times 593 - 225 \times 13}{\sqrt{(6 \times 9823 - 225^2)(6 \times 36.7 - 13^2)}}$$

$$= \frac{633}{\sqrt{8313 \times 51.2}} = 0.97$$

(2) 设所求的直线回归方程为 $y_c = a + bx$，利用标准方程组求参数 a 和 b。

$$b = \frac{n\sum xy - \sum x \sum y}{n\sum x^2 - (\sum x)^2} = \frac{633}{8313} = 0.076$$

$$a = \frac{\sum y}{n} - b\frac{\sum x}{n} = \frac{13}{6} - 0.076 \times \frac{225}{6} = -0.68$$

所以所求直线回归方程为：$y_c = -0.68 + 0.076x$

$b = 0.076$，表示销售额每增加 1 万元销售利润将近似的增加 0.076 万元。

(3) 把销售额为 50 万元的数字代入所求的回归方程中，进行估计。

当 $x = 50$ 万元时，$y_c = -0.68 + 0.076 \times 50 = 3.12$（万元）

第八章　指数分析

本章的练习及考试题型有判断题、单项选择题、多项选择题、填空题、简答题和计算题。

一、判断题

本章的判断题在分析和答题时主要有三种情况：①以正确的结论直接判断对错（如例1）；②通过一定的计算作出判断（如例2）。

例1：总指数的计算形式包括：综合指数、平均指数和平均指标指数。（×）

【解题思路】这是关于总指数的含义及种类的内容。总指数是反映全部现象总体数量变动的相对数，其表现及计算形式包括综合指数和平均指数。很显然，该题的命题是错误的。

例2：某厂职工工资总额2008年比2007年减少了20%，工资水平上升5%，则职工人数减少3%。（×）

【解题思路】因为工资总额变动受工资水平和职工人数变动的影响，这3个指数的关系可用等式表示为：

工资总额指数（%）＝工资水平指数（%）×职工人数指数（%）

因此，可通过指数体系来分析职工人数的变化情况，即：

职工人数指数（%）＝（100% －2%）÷（100% ＋5%）
$$= 98\% \times 105\% = 93.33\%$$

从计算结果可知，职工人数的变化情况：100% － 93.33% ＝ 6.67%。故本题原判断错误。

二、单项选择题

本章的单项选择题在分析和答题时主要有两种情况：①根据概念或有关原理分析选择正确答案（如例1）；②根据已知的数字资料，先进行计算，然后确定和选出正确答案（如例2）。

例1：加权调和平均数指数要成为综合指数的变形，其权数是（A）。

A. 必须用 p_1q_1 B. 必须用 p_0q_0
C. 必须用 W D. 前三者均可作为权数

【解题思路】调和平均数指数 $= \dfrac{\sum p_1q_1}{\sum \dfrac{1}{k}p_1q_1}$ $\left(k = \dfrac{p_1}{p_0}\right)$，它是以个体指数 $\dfrac{p_1}{p_0}$ 为变量，以报告期的价值 p_1q_1 为权数，采用加权调和平均数的形式来计算的。它是综合指数之一的质量指标指数的变形，它们二者表示的含义及计算结果是完全一致的，即

$$\dfrac{\sum p_1q_1}{\sum p_0q_1} = \dfrac{\sum p_1q_1}{\sum \dfrac{1}{k}p_1q_1} \quad \left(k = \dfrac{p_1}{p_0}\right)，只是二者的计算形式不同而已。$$

例2：某企业生产三种产品，2009年与2008年相比，出厂价格平均提高了5%，产品销售额增长了20%，则产品销售量增长了（B）。

A. 114.29% B. 14.29%
C. 126% D. 26%

【解题思路】本题需要运用指数体系进行换算。因为出厂价格指数×销售量指数＝销售额指数，所以销售量指数则为120%÷105%＝114.29%，其销售量增长了114.29%－1＝14.29%。

三、多项选择题

本章的多项选择题答题的方法主要是对概念或有关原理进行分析后，选择出正确的答案。

例：对某商店某时期商品销售额的变动情况进行分析，其指数体系包括（ABD）。

A. 销售量指数 B. 销售价格指数
C. 总平均价格指数 D. 销售额指数
E. 个体指数

【解题思路】我们知道,销售额等于销售价格乘以销售量,这种乘积关系在指数关系中仍然成立。即销售额这个总量指标受销售价格和销售量两个因素的影响,根据因素分析内容可知,销售额指数等于销售量指数乘以销售价格指数。故本题答案选 A、B、D。

四、填空题

本章的填空题主要考核对基本理论、基本方法的掌握,主要有两种情况:①对概念、要点等十分明确的结论,直接填入答案即可(如例1);②进行简单的计算后才能填上正确答案的(如例2)。

例1:综合指数的编制方法是先综合后对比。

【解题思路】以综合指数反映复杂现象总体的变动情况,先要解决不同度量单位的问题,即把不能直接加总的不同使用价值形态转化为可以加总的价值形态,这就是通常所说的综合。然后才能对不同时期的价值总量进行对比,即解决对比的问题。

例2:某工厂今年一季度同去年同期相比,产量提高了5%,产值增长了15%,则产品价格提高了9.5%。

【解题思路】本题要根据指数体系之间的关系进行换算。因为总产值指数＝产量指数×产品价格指数,因此,产品价格指数＝115%÷105%＝109.5%,即产品价格提高了9.5%。

五、简答题

本章简答题主要是考核有关概念及其之间的关系等问题,在答题中只要把要点回答清楚即可。

例:同度量因素固定时期的一般方法是什么?

【解题思路】本题是检查对编制综合指数的一般原理的掌握,因此直接回答固定同度量因素的一般方法即可。

答案具体如下：

确定同度量因素所属时期的一般方法是：编制数量指标指数时应把作为同度量因素的质量指标固定在基期，说明在质量指标不变的前提下，数量指标变动对价值总量变动的影响程度；编制质量指标时把作为同度量因素的数量指标固定在报告期，说明在数量指标不变的前提下，质量指标变动对价值总量变动的影响程度。在计算某一综合指数时，分子与分母的同度量因素的数值必须是同一时期的。

六、计算题

本章计算题的内容主要集中在综合指数、平均指数计算和总量指标的两因素分析方面。计算过程中，要有三个主要的步骤（列出计算公式；代入具体数字；写出计算结果）；对于一些合计数的计算，可通过列出计算表的形式加以表现。

例1：某商店两种商品的销售资料如下表。

商品	单位	销售量		单价（元）	
		基期	计算期	基期	计算期
A	件	50	60	8	10
B	公斤	150	160	12	14

（1）计算两种商品销售额指数及销售额变动的绝对额。

（2）计算两种商品销售量总指数及由于销售量变动影响销售额的绝对额。

（3）计算两种销售价格总指数及由于价格变动影响销售额的绝对额。

【解题思路】根据题目资料和要求，可知本题要以综合指数的形式计算销售量和销售价格总指数，并要以综合指数体系的形式分析销售额分别受销量和销售价格变动的影响程度。为方便分析计算，应先把综合指数体系的相对数形式列出：

$$\frac{\sum p_1 q_1}{\sum p_0 q_0} = \frac{\sum p_0 q_1}{\sum p_0 q_0} \times \frac{\sum p_1 q_1}{\sum p_0 q_1}$$

具体计算方法：

（1）列表计算中所需的合计数。

商品	$\sum p_1 q_1$	$\sum p_0 q_0$	$\sum p_0 q_1$
A	600	400	480
B	2240	1800	1920
合计	2840	2200	2400

（2）分步计算。

1）销售额指数：

$$\frac{\sum p_1 q_1}{\sum p_0 q_0} = \frac{2840}{2200} = 129.09\%$$

销售额变动的绝对值：

$$\sum p_1 q_1 - \sum p_0 q_0 = 2840 - 2200 = 640(万元)$$

2）销售量总指数：

$$\frac{\sum p_0 q_1}{\sum p_0 q_0} = \frac{2400}{2200} = 109.09\%$$

销售量变动使销售额增加：

$$\sum p_0 q_1 - \sum p_0 q_0 = 2400 - 2200 = 200(万元)$$

3）销售价格总指数：

$$\frac{\sum p_1 q_1}{\sum p_0 q_1} = \frac{2840}{2400} = 118.33\%$$

销售价格变动使销售额增加：

$$\sum p_1 q_1 - \sum p_0 q_1 = 2840 - 2400 = 440(万元)$$

例2：某企业三种产品的产值和产量资料如下表。

产品	实际产值（万元）		2008年比2006年产量增加的百分比（%）
	2006年	2008年	
A	200	240	25
B	450	485	10
C	350	480	40

计算：①三种产品的总产值指数；②产量总指数及由于产量变动而增加的产值；③利用指数体系推算价格总指数。

【解题思路】根据题目资料和要求可知，本题要从个体指数入手，采用平均指数的形式编制产量总指数，并要说明由于产量变动带来的产值变动的绝对额；价格总指数则要通过指数体系进行推算。

具体计算方法：

（1）计算三种产品的总产值指数，先汇总三种产品在基期和报告期的实际产值，然后进行对比得出总产值指数。

$$\sum p_1 q_1 = 240 + 485 + 480 = 1205(万元)$$

$$\sum p_0 q_0 = 200 + 450 + 350 = 1000(万元)$$

则有：

$$\frac{\sum p_1 q_1}{\sum p_0 q_0} = \frac{1205}{1000} = 120.5\%$$

（2）计算产量总指数，以产量个体指数为变量，以基期的产值为权数，采用加权算术平均数的形式计算产量总指数，再用分子减去分母得出由于产量变动带来的产值变动的绝对额。

$$\frac{\sum kp_0q_0}{\sum p_0q_0} = \frac{1.25 \times 200 + 1.1 \times 450 + 1.4 \times 350}{200 + 450 + 350} = \frac{1235}{1000} = 123.5\%$$

$$\sum kp_0q_0 - \sum p_0q_0 = 1235 - 1000 = 235(万元)$$

（3）利用指数体系推算价格总指数。已知指数体系中的产值总指数和产量总指数，那么价格总指数等于产值总指数除以产量总指数。用公式表示为：

$$\frac{\sum p_1q_1}{\sum p_0q_1} = \frac{\sum p_1q_1}{\sum p_0q_0} \div \frac{\sum kp_0q_0}{\sum p_0q_0} = 120.5\% \div 123.5\% = 97.57\%$$

第九章　动态数列分析

本章的练习及考试题型有判断题、单项选择题、多项选择题、填空题、简答题和计算题。

一、判断题

本章的判断题在分析和答题时主要有两种情况：①以正确的结论直接判断对错（如例1）；②在进行分析的基础上，对正确和错误作出判断（如例2）。

例1：环比发展速度的连乘积等于定基发展速度，因而环比增长速度的连乘积也等于定基增长速度。（×）

【解题思路】从发展速度和增长速度的基本原理中我们知道：环比发展速度的连乘积等于定基发展速度，但环比增长速度和定基增长速度之间不存在连乘的关系。因此，本题的断语从整体上看是错误的。

例2：某企业生产某种产品，其产量每年增加5万吨，则该产品产量的环比增长速度年年下降。（√）

【解题思路】 因为尽管每年增加 5 万吨，其计算公式的分子每年相等，而其分母数值则越来越大，因而环比增长速度则逐年下降。在此假设一例加以计算说明则更清楚。

	a_0	a_1	a_3	a_4	a_5
发展水平	10	15	20	25	30
环比增长速度		50%	33.3%	25%	20%

二、单项选择题

本章的单项选择题在分析和答题时主要有三种情况：①根据概念或有关原理分析选择正确答案（如例1）；②通过筛选的方法，把错误的命题排除后，就可选择出正确的答案（如例2）；③根据已知的数字资料，先进行计算，然后确定和选出正确答案（如例3）。

例1：如果动态数列的逐期增长量相对稳定，测定长期趋势应采用（C）方程。

A. 抛物线　　　　　B. 指数曲线
C. 直线趋势　　　　D. 对数曲线

【解题思路】 因为配合直线趋势的前提条件就是逐期增长量相对稳定。很显然，测定长期趋势应采用直线趋势方程。

例2：已知各期环比增长速度分别为 2%、5%、8% 和 7%，则相应的定基增长速度的计算方法为（A）。

A. （102%×105%×108%×107%）－100%
B. 2%×5%×8%×7%
C. 102%×105%×108%×107%
D. （2%×5%×8%×7%）－1

【解题思路】 统计中不能通过增长速度直接计算增长速度，须将其加 1 后还原为发展速度，按环比发展速度和定基发展速度的数量关系进行计算，然后将其结果减 1 即为增长速度。

例3：某企业2008年6月份职工人数变动登记为：1日为480人，16日为490人，26日为495人，7月1日为485人。则6月份的平均人数为（B）。

A. 488 人 B. 486 人
C. 487 人 D. 483 人

【解题思路】该题应以"天"为间隔计算6月份的平均人数。6月份共30天，而7月1日已超出了计算的范围，所以485人不能计算在内。因此采用加权算术平均法计算。方法为：

$$\bar{a} = \frac{\sum af}{\sum f} = \frac{480 \times 15 + 490 \times 10 + 495 \times 5}{30} = 486 （人）$$

三、多项选择题

本章的多项选择题答题方法主要是对概念或有关原理进行分析后，选择出正确的答案。

例：年平均增长量等于（AD）。

A. 累积增长量除以逐期增长量的个数
B. 累积增长量除以数列水平的项数
C. 最末一年与最初一年发展水平之差，除以数列发展水平的项数
D. 最末一年与最初一年发展水平之差，除以数列发展水平的项数减1
E. 逐期增长量的几何平均数

【解题思路】在五个备选答案中，A符合基本公式的要求；B的分母不对，因为数列水平有a_0；C的答案实际上等同于B；D则把计算公式的含义用文字予以叙述，是正确的；E不符合计算公式要求。故选择A、D。

四、填空题

本章的填空题主要考核对基本理论、基本方法的掌握，主要有两种情况：①对概念、要点等十分明确的结论，直接填入答案即可（如例1）；②进行简单的计算后才能填上正确答案的（如例2）。

例1：动态数列按其指标表现形式的不同，分为<u>总量指标动态数列</u>、<u>相对指标动态数列</u>和<u>平均指标动态数列</u>。

【解题思路】本题答案是很明确的，在动态数列的分类中，按指标的表现形式不同，可分总量指标动态数列、相对指标动态数列和平均指标动态数列。

例2：已知某产品产量2006年与2005年相比增长了5%，2007年与2005年相比增长了12%，则2007年与2006年相比增长了<u>6.67%</u>。

【解题思路】学习动态数列这一章的内容时，我们知道：环比发展速度的连乘积等于定基发展速度，但环比增长速度和定基增长速度之间就不存在这一连乘关系。因此，该题要进行计算时，必须先把其还原为发展速度，然后再根据两种发展速度之间的关系式，推算出所求的环比发展速度，用环比发展速度减1或100%，才能得出正确的答案。计算方法为：

2007年与2006年产量相比的发展速度

$$= \frac{\dfrac{2007年产量}{2005年产量}}{\dfrac{2006年产量}{2005年产量}} = \frac{112\%}{105\%} = 106.67\%$$

即：2007年比2006年产量相比的增长速度为：106.67% − 100% = 6.67%

五、简答题

本章的简答题主要考查学员对基本概念的掌握、对有关原理的理解以及对其联系与区别的分析。

例：简述计算平均发展速度的几何平均法和方程式法的特点。

【解题思路】 几何平均法和方程式法都是计算平均发展速度的方法，但两者的侧重点不同，回答时要抓住这一要点来说明。

答案具体如下：

几何平均法和方程式法的主要特点是：前者侧重于考察最末一年的发展水平，按这种方法的平均发展速度推算的最末一年发展水平，与最末一年的实际水平相一致；后者则侧重于考察全期各年发展水平的总和，按这种方法的平均发展速度推算的全期各年发展水平的总和与各年实际水平的总和相一致。

六、计算题

本章要掌握的动态分析指标的计算方法较多，但作为综合计算题的内容，主要集中在平均发展水平和平均发展速度的计算上。计算过程中，要有三个主要的步骤：列出计算公式；代入具体数字；写出计算结果。

例1：某厂某年上半年各月产量及月初人数资料如下表。

	1	2	3	4	5	6
产量（件）	4000	4040	4050	4080	4070	4090
月初工人数（人）	72	68	69	66	65	60

又知该年7月初工人数为68人，试计算该年上半年平均月

劳动生产率。

【解题思路】 该题是由一个时期指标（子项）和一个时点指标（母项）对比的平均指标动态数列计算序时平均数。计算过程是：先分别计算出分子（产量）和分母（工人数）的序时平均数，再加以对比，就是我们要计算的平均月劳动生产率（a 代表产量、b 代表工人数）。

具体计算方法：

（1）产量是时期指标，采用简单平均法：

$$\bar{a} = \frac{\sum a}{n} = \frac{4000 + 4040 + 4050 + 4080 + 4070 + 4090}{6}$$

$$= \frac{24330}{6} = 4055（件）$$

（2）月初工人数是时点指标，而且时点间隔相等，采用"首末折半法"：

$$\bar{b} = \frac{\frac{b_1}{2} + b_2 + b_3 + \cdots + \frac{b_n}{2}}{n - 1}$$

$$= \frac{\frac{72}{2} + 68 + 69 + 66 + 65 + 60 + \frac{68}{2}}{7 - 1} = \frac{398}{6} = 66（人）$$

$$\bar{c} = \frac{\bar{a}}{\bar{b}} = \frac{4055}{66} = 61（件／人）$$

例2：某地区 2000 年底人口数 2000 万人，假定以后每年以 9‰ 的增长率增长，又假定该地区 2000 年的粮食产量为 120 亿斤，要求到 2005 年平均每人粮食达到 800 斤。试计算 2005 年的粮食产量应该达到多少，粮食产量每年平均增长速度如何。

【解题思路】 该题要求根据几何平均法计算平均发展速度的公式 $\bar{x} = \sqrt[n]{\frac{a_n}{a_0}}$，进行指标之间的相互推算；根据已知的 a_0 和 a_n，

可求得 $\bar{x}$；根据 a_0 和 $\bar{x}$ 可推算 a_n（$a_n = a_0 \bar{x}^n$）。

具体计算方法：

（1）要计算出 2005 年的粮食产量，须先算出 2005 年人口数将达到什么水平。计算方法为：

$a_n = a_0 \bar{x}^n = 2000 × 1.009^5 = 2100$（万人）

2005 年的粮食产量 = $800 × 2100 = 168$（亿斤）

（2）粮食产量的平均增长速度，不能直接求得，可先计算平均发展速度，再减去 1 或 100%。

2000—2005 年的粮食产量每年平均增长速度为：

$$\sqrt[n]{\frac{a_n}{a_0}} - 1 = \sqrt[5]{\frac{168}{120}} - 1 = 107\% - 1 = 7\%$$

第十章　统计的综合分析与评价

本章的练习及考试题型有判断题、填空题、简答题和计算题。

一、判断题

本章的判断题在分析和答题时主要是以正确的结论直接判断对错。

例：统计综合分析的实质就是一种以统计资料为主要依据的定性分析。（×）

【解题思路】统计综合分析是以统计资料为依据，从现象的数量入手，分析研究各种社会经济现象之间的数量对比关系，从而发现并提出问题，提出建议。可见，统计综合分析是定量分析，并不是定性分析。

二、填空题

本章的填空题主要考核对基本概念、要点的掌握，一般直接填入答案即可。

例：统计比较按比较的时间状态不同分为静态比较和动态比较。

【解题思路】这是有关统计比较种类的内容。统计比较可以按三个不同标志进行分类，按比较的时间状态不同分为静态比较和动态比较。

三、简答题

本章内容作为简答考核的问题不多，主要是基本概念及其之间的关系等问题，在答题中只要把要点回答清楚即可。

例：什么是统计综合分析？它有什么特点？

【解题思路】回答此题，方法很简单，只需简述统计综合分析的概念，然后再说明其特点即可。

答案具体如下：

统计综合分析是指根据分析研究的目的，在科学的理论指导下，以客观统计资料为依据，结合具体实际情况，对社会经济现象总体进行系统的分析研究，从而认识事物的本质和发展规律的一种统计分析方法。

从数量入手，分析研究各种社会经济现象之间的数量对比关系，从而发现并提出问题、提出建议，是统计综合分析的主要特点。统计综合分析的另外一个特点是它的综合性，即在分析过程中综合运用多种统计分析方法。

四、计算题

本章的计算题主要掌握综合评价的常用方法中的综合评分法。

例：某校根据制定的教师教学质量评价体系，请100名学生对某教师评分（百分法），所得结果的组资料如下表：

评价指标	得分数（分）					权数
	100	80	60	40	20	
教学态度	50	10	20	20	0	0.20
教学内容	45	25	10	15	5	0.25
教学方法	30	30	15	10	15	0.25
学生能力培养	35	20	25	10	10	0.30

计算该教师的综合平均得分。

【解题思路】 本题的计算分两步。先分别就每项评价指标计算 100 个学生打分的平均得分，在此基础上，再计算出该教师的平均得分。

计算过程如下：

（1）每项评价指标的平均得分。

教学态度的平均得分为：

$(50 \times 100 + 10 \times 80 + 20 \times 60 + 20 \times 40 + 0 \times 20) \div 100$
$= 78$ 分

教学内容的平均得分：

$(45 \times 100 + 25 \times 80 + 10 \times 60 + 15 \times 40 + 5 \times 20) \div 100$
$= 77$ 分

教学方法的平均得分：

$(30 \times 100 + 30 \times 80 + 15 \times 60 + 10 \times 40 + 15 \times 20) \div 100$
$= 70$ 分

学生能力培养的平均得分：

$(35 \times 100 + 20 \times 80 + 25 \times 60 + 10 \times 40 + 10 \times 20) \div 100$
$= 72$ 分

（2）该教师的综合得分。

$78 \times 0.2 + 77 \times 0.25 + 70 \times 0.25 + 72 \times 0.3 = 73.95$ 分

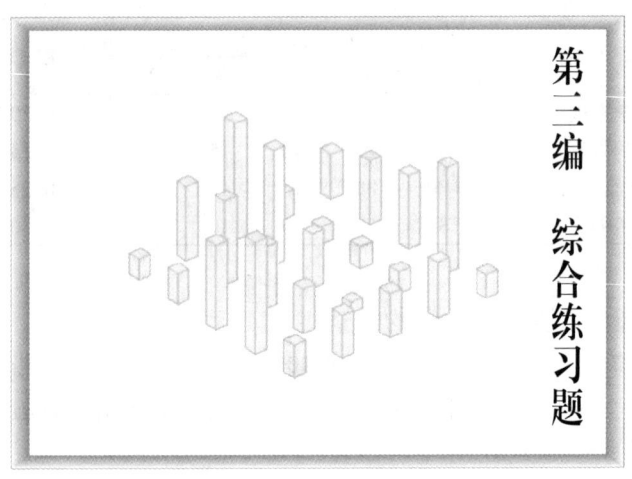

第三编 综合练习题

第一章 统计总论

一、判断题（正确的打"√"，错误的打"×"，并填写在题后的括号中）

1. "统计"一词包含统计工作、统计资料、统计学等三种含义。（   ）

2. 社会经济统计的研究对象是社会经济现象总体的各个方面。（   ）

3. 统计调查过程中采用的大量观察法，是指必须对研究对象的所有单位进行调查。（   ）

4. 总体的同质性是指总体中的各个单位在所有标志上都相同。（   ）

5. 个人的工资水平和全部职工的工资水平，都可以称为统计指标。（   ）

6. 对某市工程技术人员进行普查，该市工程技术人员的工资收入水平是数量标志。（   ）

7. 总体单位是标志的承担者，标志是依附于总体单位的。

(　　)

8. 品质标志表明单位属性方面的特征，其标志表现只能用文字表现，所以品质标志不能直接转化为统计指标。（　　）

9. 品质标志说明总体单位的属性特征，质量指标反映现象的相对水平或工作质量，二者都不能用数值表示。（　　）

10. 数量指标的表现形式是绝对数，质量指标的表现形式是相对数和平均数。（　　）

二、单项选择题（下列各题中只有一个答案是正确的，请把正确答案的字母代号填在题后的括号内）

1. 社会经济统计的研究对象是（　　）。

　　A. 抽象的数量关系

　　B. 社会经济现象的规律性

　　C. 社会经济现象的数量特征和数量关系

　　D. 社会经济统计认识过程的规律和方法

2. 构成总体的个别事物称为（　　）。

　　A. 调查总体　　　　B. 标志值

　　C. 品质标志　　　　D. 总体单位

3. 某城市工业企业未安装设备普查，总体单位是（　　）。

　　A. 工业企业全部未安装设备

　　B. 工业企业每一台未安装设备

　　C. 每个工业企业的未安装设备

　　D. 每一个工业企业

4. 标志是说明总体单位特征的名称，标志有数量标志和品质标志，因此，（　　）。

　　A. 标志值有两大类：品质标志值和数量标志值

　　B. 只有品质标志才有标志值

　　C. 只有数量标志才有标志值

　　D. 品质标志和数量标志都具有标志值

5. 总体的变异性是指（　　）。

　　A. 总体之间有很多不同

　　B. 总体单位之间在某一标志表现下有很多不同

　　C. 总体随时间变化表现有变化

　　D. 总体单位本身的不同

6. 工业企业的设备台数、产品的产值是（　　）。

　　A. 连续变量

　　B. 离散变量

　　C. 前者是连续变量，后者是离散变量

　　D. 前者是离散变量，后者是连续变量

7. 几位学生的某门课成绩分别是 67 分、78 分、88 分、89 分、96 分，则"成绩"是（　　）。

　　A. 品质标志　　　　　B. 数量标志

　　C. 标志值　　　　　　D. 数量指标

8. 在全国人口普查中，（　　）。

　　A. 男性是品质标志

　　B. 人的年龄是变量

　　C. 人口的平均寿命是数量标志

　　D. 全国人口是统计指标

9. 下列指标中，属于质量指标的是（　　）。

　　A. 总产值　　　　　　B. 合格率

　　C. 总成本　　　　　　D. 人口数

10. 指标是说明总体特征的，标志是说明总体单位特征的，所以（　　）。

　　A. 标志和指标之间的关系是固定不变的

　　B. 标志和指标之间的关系是可以变化的

　　C. 标志和指标都是可以用数值表示的

　　D. 只有指标才可以用数值表示

11. 统计指标按所反映的数量特点不同，可以分为数量指标和质量指标两种，其中数量指标的表现形式是（　　）。

　　A. 绝对数　　　　　　B. 相对数
　　C. 平均数　　　　　　D. 小数

12. 离散变量可以（　　）。

　　A. 被无限分割，无法一一列举
　　B. 按一定次序一一列举，通常取整数
　　C. 用相对数表示
　　D. 用平均数表示

三、多项选择题（每小题均有两个及两个以上的正确答案，请将正确答案全部选出并将其字母序号填入题后的括号中）

1. 要了解某地区全部成年人口的就业情况，那么（　　）。

　　A. 全部成年人是研究的总体
　　B. 成年人口总数是统计指标
　　C. 成年人口就业率是统计标志
　　D. 反映每个人特征的职业是数量指标
　　E. 某人职业是教师是标志表现

2. 统计研究运用着各种的专门方法，包括（　　）。

　　A. 大量观察法　　　　B. 统计分组法
　　C. 综合指标法　　　　D. 统计模型法
　　E. 归纳推断法

3. 社会经济统计学研究对象的特点可概括为（　　）。

　　A. 社会性　　　　　　B. 数量性
　　C. 总体性　　　　　　D. 同质性
　　E. 变异性

4. 国家统计系统的功能或统计的职能有（　　）。

　　A. 信息职能　　　　　B. 咨询职能
　　C. 监督职能　　　　　D. 决策职能

E. 协调职能

5. 在全国人口普查中，（   ）。
    A. 全国人口总数是统计总体
    B. 男性是品质标志表现
    C. 人的年龄是变量
    D. 每一户是总体单位
    E. 人口的平均年龄是统计指标

6. 在工业普查中，（   ）。
    A. 工业企业总数是统计总体
    B. 每一个工业企业是总体单位
    C. 固定资产总额是统计指标
    D. 机器台数是连续变量
    E. 职工人数是离散变量

7. 下列统计指标中，属于质量指标的有（   ）。
    A. 总产值   B. 商品价格
    C. 平均工资   D. 单位产品原材料消耗量
    E. 商品库存额

四、填空题（把正确答案填入每小题的空格内）

1. 统计工作和统计资料之间是_____的关系，统计工作和统计学之间是_____的关系。

2. 统计研究运用大量观察法是由研究对象的_____和_____所决定的。

3. 研究某企业的汽车产品生产情况时，该企业全部汽车是_____，每一辆汽车是_____。

4. 表示单位属性方面特征的标志是_____，而表示单位数量方面特征的标志是_____。

5. 统计指标是反映实际存在的客观现象总体某一综合数量

特征的概念和数值,而且具有_____和_____的特点。

6. 对某市家庭收入情况研究中,该市全部家庭便构成_____,每一家庭的收入是_____。

7. 说明总体单位属性和特征的名称是_____,反映总体数量特征的名称是_____。

8. 变量按其取值的连续性可分为_____和_____两种。

9. 统计指标按所反映的数量特点不同,可分为_____和_____。

10. 统计指标体系大体上可分为_____和_____两大类。

五、简答题

1. 如何认识统计总体和总体单位的关系?
2. 品质标志和数量标志有什么区别?
3. 简述统计指标与统计标志的区别。
4. 简述数量指标和质量指标的含义及关系。

第二章 统计调查

一、判断题(正确的打"√",错误的打"×",并填写在题后的括号中)

1. 全面调查和非全面调查是根据调查结果所得到的资料是否全面来划分的。(　　)

2. 对某市下岗职工生活状况进行调查,要求在 1 个月内报送调查结果,所规定的时间是调查时间。(　　)

3. 对我国主要粮食作物产区进行调查,以掌握全国主要粮食作物生长的基本情况,这种调查是重点调查。(　　)

4. 典型调查既可以搜集数字资料，又可以搜集不能用数字反映的实际情况。（　　）

5. 统计调查误差就是指由于错误判断事实或者错误登记事实而发生的误差。（　　）

6. 抽样调查与重点调查的目的是一致的，即都是通过对部分单位的调查，来达到对总体数量特征的认识。（　　）

7. 我国人口普查的总体单位和调查单位都是每一个人，而填报单位是户。（　　）

8. 与普查相比，抽样调查的范围小，组织方便，省时省力，所以调查项目可以多一些。（　　）

9. 对调查资料进行准确性检查，既要检查调查资料的登记性误差，也要检查资料的代表性误差。（　　）

10. 普查是一种不连续调查，这是它的主要特点，但普查并不排斥对属于时期现象的项目的调查。（　　）

二、单项选择题（下列各题中只有一个答案是正确的，请把正确答案的字母代号填在题后的括号内）

1. 统计调查是进行资料整理和分析的（　　）。

　　A. 基础环节　　　　B. 中间环节
　　C. 最终环节　　　　D. 关键环节

2. 调查几个铁路枢纽，就可以了解我国铁路货运量的基本情况和问题，这种调查属于（　　）。

　　A. 普查　　　　　　B. 重点调查
　　C. 典型调查　　　　D. 抽样调查

3. 某市工业企业 2007 年生产经营成果年报呈报时间规定在 2008 年 1 月 31 日，则调查期限为（　　）。

　　A. 一日　　　　　　B. 一个月
　　C. 一年　　　　　　D. 一年零一个月

4. 重点调查中重点单位是指（　　）。

A. 标志总量在总体中占有很大比重的单位

B. 具有典型意义或代表性的单位

C. 那些具有反映事物属性差异的品质标志的单位

D. 能用以推算总体标志总量的单位

5. 下列调查中，调查单位与填报单位一致的是（　　）。

　　A. 企业设备调查　　　　B. 人口普查

　　C. 农村耕地调查　　　　D. 工业企业现状调查

6. 在对总体现象进行分析的基础上，有意识地选择若干调查单位进行调查，这种调查方法是（　　）。

　　A. 抽样调查　　　　　　B. 典型调查

　　C. 重点调查　　　　　　D. 普查

7. 对一批商品进行质量检验，最适宜采用的方法是（　　）。

　　A. 全面调查　　　　　　B. 抽样调查

　　C. 典型调查　　　　　　D. 重点调查

8. 调查单位与填报单位的关系是（　　）。

　　A. 二者是一致的　　　　B. 二者有时是一致的

　　C. 二者没有关系　　　　D. 调查单位大于填报单位

9. 抽样调查的主要目的是（　　）。

　　A. 计算和控制抽样误差　B. 推断总体总量

　　C. 对调查单位做深入研究　D. 广泛运用数学方法

10. 调查时间是指（　　）。

　　A. 调查资料所属的时间　B. 进行调查的时间

　　C. 调查工作的期限　　　D. 调查资料报送的时间

三、**多项选择题**（每小题均有两个及两个以上的正确答案，请将正确答案全部选出并将其字母序号填入题后的括号中）

1. 我国统计调查的方法有（　　）。

　　A. 统计报表　　　　　　B. 普查

　　C. 抽样调查　　　　　　D. 重点调查

E. 典型调查

2. 抽样调查和重点调查的陈述中,正确的是( )。

   A. 两者都是非全面调查

   B. 两者选取单位都不受主观因素的影响

   C. 两者选取单位都按随机原则

   D. 两者选取单位都按非随机原则

   E. 两者都可以用来推断总体指标

3. 普查是一种( )。

   A. 专门组织的调查   B. 一次性调查

   C. 经常性调查   D. 非全面调查

   E. 全面调查

4. 在工业设备普查中,( )。

   A. 工业企业是调查对象

   B. 工业企业的全部设备是调查对象

   C. 每台设备是填报单位

   D. 每台设备是调查单位

   E. 每个工业企业是填报单位

5. 抽样调查方式的优越性表现在以下几个方面:( )。

   A. 全面性   B. 经济性

   C. 时效性   D. 准确性

   E. 灵活性

6. 调查单位是( )。

   A. 需要调查的社会经济现象的总体

   B. 需要调查的社会经济现象的总体的个体

   C. 调查项目的承担者

   D. 负责报告调查结果的单位

   E. 调查对象所包含的具体单位

四、填空题（把正确答案填入每小题的空格内）

1. 衡量统计调查工作质量的重要标志是_____和_____。

2. 统计调查根据_____可分为全面调查和非全面调查，根据_____可分为连续调查和不连续调查。

3. 确定统计调查对象时，还必须确定_____和_____。

4. 进行工业生产设备普查时，调查单位是_____，报告单位是_____。

5. 统计调查中，两种不同的调查时态是_____和_____。

6. 由于错误判断事实而发生的误差是_____，非全面调查所固有的误差是_____。

五、简答题

1. 完整的统计调查方案应包括哪些主要内容？
2. 调查对象、调查单位和填报单位有何区别？
3. 简述抽样调查的优越性和作用。

第三章 统计整理

一、判断题（正确的打"√"，错误的打"×"，并填写在题后的括号中）

1. 对统计资料进行分组的目的就是为了区分各组单位之间量的不同。（   ）

2. 统计分组的关键问题是确定组距和组数。（   ）

3. 组中值是根据各组上限和下限计算的平均值，所以它代表了每一组的平均分配次数。（   ）

4. 分配数列的实质是把总体单位总量按照总体所分的组进行分配。（　　）

5. 连续型变量和离散型变量在进行组距式分组时，均可采用相邻组组距重叠的方法确定组限。（　　）

6. 对资料进行组距式分组，是假定变量值在各组内部的分布是均匀的，所以这种分组会使资料的真实性受到损害。（　　）

7. 任何一个分布都必须满足：各组的频率大于零，各组的频数总和等于1或100%。（　　）

8. 按数量标志分组的目的，就是要区分各组在数量上的差异。（　　）

9. 统计分组以后，掩盖了各组内部各单位的差异，而突出了各组之间单位的差异。（　　）

10. 次数分配数列是指按数量标志分组所形成的变量分配数列。（　　）

二、单项选择题（下列各题中只有一个答案是正确的，请把正确答案的字母代号填在题后的括号内）

1. 统计分组的关键在于（　　）。
   A. 正确选择分组标志　　B. 正确确定组距
   C. 正确确定组数　　　　D. 正确确定组中值

2. 统计整理的关键在于（　　）。
   A. 对调查资料进行审核　　B. 对调查资料进行统计分组
   C. 对调查资料进行汇总　　D. 编制统计表

3. 划分连续型变量的组限时，相邻两组的组限（　　）。
   A. 必须是重叠的
   B. 必须是间断的
   C. 既可以是重叠的，又可以是间断的
   D. 以上都不是

4. 下列分组中，属于按品质标志分组的是（　　）。

A. 学生按成绩分组

B. 产品按品种分组

C. 企业按计划完成程度分组

D. 家庭按年收入分组

5. 有一个学生考试成绩为 70 分，这个变量值应归入（ ）。

    A. 60—70

    B. 70—80

    C. 60—70 或 70—80 都可以

    D. 60—70 或 70—80 都不可以

6. 某主管局将下属企业先按重、轻工业分类，再按企业规模分组，这样的分组属于（ ）。

    A. 简单分组   B. 复合分组

    C. 分析分组   D. 结构分组

7. 有 20 个工人看管机器台数资料如下：2，5，4，4，3，4，3，4，4，2，2，4，3，4，6，3，4，5，2，4。如按以上资料编制分配数列，应采用（   ）

    A. 单项式分组   B. 等距分组

    C. 不等距分组   D. 以上几种分组均可以

8. 次数分配数列是（   ）

    A. 按数量标志分组形成的数列

    B. 按品质标志分组形成的数列

    C. 按统计指标分组所形成的数列

    D. 按数量标志和品质标志分组所形成的数列

9. 复合分组是（   ）。

    A. 用同一标志对两个或两个以上的总体层叠起来进行分组

    B. 对某一总体选择一个复杂的标志进行分组

    C. 对同一总体选择两个或两个以上的标志层叠起来进行

分组

D. 对同一总体选择两个或两个以上的标志并列起来进行分组

10. 将某地区国有企业按产值计划完成程度分为以下四组，正确的是（　　）。

A. 第一种	B. 第二种	C. 第三种	D. 第四种
80%以下	79%以下	85%以下	100%以下
80.1%—90%	80%—89%	85%—95%	100%—110%
90.1%—100%	90%—99%	95%—105%	110%以上
	100.1%—110%	100%—109%	105%—115%
	110.1%以上	110%以上	115%以上

三、多项选择题（每小题均有两个及两个以上的正确答案，请将正确答案全部选出并将其字母序号填入题后的括号中）

1. 统计整理是（　　）。

   A. 统计调查的继续　　　B. 统计设计的继续

   C. 统计调查的基础　　　D. 统计分析的前提

   E. 统计分析的基础

2. 统计分组是（　　）。

   A. 在统计总体内进行的一种定性分类

   B. 在统计总体内进行的一种定量分类

   C. 将同一总体区分为不同性质的组

   D. 把总体划分为一个个性质不同的、范围更小的总体

   E. 将不同的总体划分为性质不同的组

3. 统计分组的作用是（　　）。

   A. 划分社会经济类型

   B. 说明总体的基本情况

   C. 研究同质总体的结构

   D. 说明总体单位的特征

E. 分析被研究现象总体诸标志之间的联系和依存关系

4. 在组距数列中,组中值是（　　）。

   A. 上限和下限之间的中点数值

   B. 用来代表各组标志值的平均水平

   C. 在开放式分组中无法确定

   D. 就是组平均数

   E. 在开放式分组中,可以参照相邻组的组距来确定

5. 在次数分配数列中,（　　）。

   A. 总次数一定,频数和频率成反比

   B. 各组的频数之和等于100

   C. 各组频率大于0,频率之和等于1

   D. 频率越小,则该组的标志值所起的作用越小

   E. 频率表明各组标志值对总体的相对作用程度

6. 统计表按主词是否分组及分组的程度,可分为（　　）。

   A. 简单表　　　　　　　B. 一览表

   C. 分组表　　　　　　　D. 复合表

   E. 单一表

7. 下面哪些分组是按数量标志分组?（　　）

   A. 企业按销售计划完成程度分组

   B. 学生按健康状况分组

   C. 工人按产量分组

   D. 职工按工龄分组

   E. 企业按隶属关系分组

8. 次数分配数列（　　）。

   A. 由总体按某标志所分的组和各组对应的单位数两个因素构成

   B. 由组距和组数、组限和组中值构成

   C. 包括品质分配数列和变量数列两种

D. 可以用图表形式表现

E. 可以表明总体结构和分布特征

9. 指出下列数列属于哪种类型：（   ）

按生产计划完成程度分组（%）	企业数
80—90	15
90—100	30
100—110	5
合　计	50

A. 品质分配数列　　　　　　B. 变量分配数列

C. 组距式变量分配数列　　　D. 等距变量分配数列

E. 次数分配数列

四、填空题（把正确答案填入每小题的空格内）

1. 统计整理实现了个别单位的_____向说明总体数量特征的_____过渡。

2. 统计分组按分组标志的性质不同，可分为_____和_____两种。

3. 统计分组按分组标志的多少不同，可分为_____和_____两种。

4. 离散变量分组中，变量值变动幅度比较小应采取_____，如变量值变动很大，项数很多则采取_____。

5. 统计分布主要包括_____和_____两个要素。

6. 根据分组标志的不同，分配数列可分为_____和_____。

7. 变量数列中各组标志值出现的次数称_____，各组单位数占单位总数的比重称_____。

8. 任何一个统计分布都必须满足 _____ 和 _____ 两个条件。

五、简答题

1. 为什么说统计分组的关键在于分组标志的选择？
2. 简述变量分组的种类及应用条件。
3. 单项式分组和组距式分组分别在什么情况下运用？
4. 什么是统计分组？统计分组可以进行哪些分类？
5. 什么是统计分布？它包括哪两个要素？

六、计算题

1. 有27个工人看管机器台数如下：

5 4 2 4 3 4 3 4 4
2 4 3 4 3 2 6 4 4
2 2 3 4 5 3 2 4 3

试编制分配数列。

2. 某班40名学生统计学考试成绩分别为：

57 89 49 84 86 87 75 73 72 68 75 82 97 81
67 81 54 79 87 95 76 71 60 90 65 76 72 70
86 85 89 89 64 57 83 81 78 87 72 61

学校规定：60分以下为不及格，60—70分为及格，70—80分为中，80—90分为良，90—100分为优。要求：

（1）将该班学生分为不及格、及格、中、良、优五组，编制一张次数分配表。

（2）指出分组标志及类型、分组方法的类型，分析该班学生的考试情况。

第四章 综合指标

一、判断题（正确的打"√"，错误的打"×"，并填写在题后的括号中）

1. 同一个总体，时期指标值的大小与时期长短成正比，时点指标值的大小与时点间隔成反比。（   ）

2. 全国粮食总产量与全国人口数对比计算的人均粮食产量是一个平均指标。（   ）

3. 同一总体的一部分数值与另一部分数值对比得到的相对指标是比例相对指标。（   ）

4. 某年甲、乙两地社会商品零售额之比为1∶3，这是一个比例相对指标。（   ）

5. 某企业生产某种产品的单位成本，计划在上年的基础上降低2%，实际降低了3%，则该企业差一个百分点，没有完成计划任务。（   ）

6. 当各组次数相等时，加权算术平均数等于简单算术平均数。（   ）

7. 中位数与众数都是位置平均数，因此用这两个指标反映现象的一般水平缺乏代表性。（   ）

8. 标准差系数是标准差与平均数之比，它说明了单位标准差的平均水平。（   ）

9. 比较两个水平相同的变量数列的平均数代表性，可以采用标准差指标。（   ）

10. 比较两组数列的平均数代表性时，标准差系数越大，说明平均数的代表性越大。（   ）

二、单项选择题（下列各题中只有一个答案是正确的，请把正确答案的字母代号填在题后的括号内）

1. 统计整理的直接成果,并作为统计分析基础的综合指标是( )。

  A. 质量指标   B. 总量指标

  C. 相对指标   D. 平均指标

2. 某厂 2006 年完成产值 2000 万元,2007 年计划增长 10%,实际完成 2310 万元,超额完成计划( )。

  A. 5.5%   B. 5%

  C. 115.5%   D. 15.5%

3. 反映不同总体中同类指标对比的相对指标是( )。

  A. 结构相对指标   B. 比较相对指标

  C. 强度相对指标   D. 计划完成程度相对指标

4. 由反映总体各单位数量特征的标志值汇总得出的指标是( )。

  A. 总体单位总量   B. 总体标志总量

  C. 质量指标   D. 相对指标

5. 计算结构相对指标时,总体各部分数值与总体全部数值对比求得的比重之和( )。

  A. 小于 100%   B. 大于 100%

  C. 等于 100%   D. 小于或大于 100%

6. 下列相对数中,属于不同时期对比的指标是( )。

  A. 结构相对数   B. 动态相对数

  C. 比较相对数   D. 强度相对数

7. 如果计划任务数是五年计划中规定最后一年应达到的水平,则计算计划完成程度相对指标可采用( )。

  A. 累计法   B. 水平法

  C. 简单平均法   D. 加权平均法

8. 计算平均指标最常用的方法和最基本的形式是( )。

  A. 中位数   B. 众数

  C. 算术平均数   D. 调和平均数

  9. 某公司下属五个企业，共有 2000 名工人。已知每个企业某月产值计划完成百分比和实际产值，要计算该公司月平均产值计划完成程度，采用加权调和平均数的方法计算，其权数是（   ）。

    A. 计划产值   B. 实际产值
    C. 工人数   D. 企业数

  10. 加权算术平均数计算公式 $\bar{x} = \sum x \dfrac{f}{\sum f}$ 的权数是（   ）。

    A. f B. $\sum f$

    C. $\dfrac{f}{\sum f}$ D. x

  11. 权数对算术平均数的影响作用，实质上取决于（   ）。
    A. 作为权数的各组单位数占总体单位数比重的大小
    B. 各组标志值占总体标志总量比重的大小
    C. 标志值本身的大小
    D. 标志值数量的多少

  12. 甲、乙两数列的平均数分别为 100 和 14.5，它们的标准差为 12.8 和 3.7，则（   ）。
    A. 甲数列平均数的代表性高于乙数列
    B. 乙数列平均数的代表性高于甲数列
    C. 两数列平均数的代表性相同
    D. 必须在计算标准差系数上进行

  三、多项选择题（每小题均有两个及两个以上的正确答案，请将正确答案全部选出并将其字母序号填入题后的括号中）

  1. 加权算术平均数的大小受哪些因素的影响？（   ）。
    A. 受各组频率和频数的影响

B. 受各组标志值大小的影响

C. 受各组标志值和权数的共同影响

D. 只受各组标志值大小的影响

E. 只受权数的大小的影响

2. 位置平均数是指（　　）。

　　A. 算术平均数　　　　　B. 调和平均数

　　C. 几何平均数　　　　　D. 众数

　　E. 中位数

3. 在什么条件下，加权算术平均数等于简单算术平均数？（　　）。

　　A. 各组次数相等　　　　B. 各组变量值不等

　　C. 变量数列为组距数列　D. 各组次数都为 1

　　E. 各组次数占总次数的比重相等

4. 标准差（　　）。

　　A. 表明总体单位标志值对算术平均数的离差的平方的算术平均数

　　B. 反映总体单位的一般水平

　　C. 反映总体单位标志值的离散程度

　　D. 反映总体分布的集中趋势

　　E. 反映总体分布的离中趋势

5. 下列统计指标，属于总量指标的是（　　）。

　　A. 工资总额　　　　　　B. 商业网点密度

　　C. 商品库存量　　　　　D. 人均国民生产总值

　　E. 进出口总额

6. 下列指标中，属于时点指标的有（　　）。

　　A. 某地区人口数

　　B. 某地区人口死亡数

　　C. 某城市在校学生数

D. 某农场每年拖拉机台数

E. 某工厂月末在册职工人数

7. 下列指标中，属于结构相对指标是（　　）。

　A. 集体所有制企业职工占总数的比重

　B. 某工业产品产量比上年增长的百分比

　C. 大学生占全部学生的比重

　D. 某年积累额占国民收入的比重

　E. 某年人均消费额

8. 下列指标中，属于强度相对指标是（　　）。

　A. 人口密度

　B. 平均每人占有粮食产量

　C. 商品流通费用率

　D. 平均每人拥有国内生产总值

　E. 生产工人劳动生产率

四、填空题（把正确答案填入每小题的空格内）

1. 总量指标按其反映现象总体内容不同，分为_____和_____。

2. 总量指标是最基本的统计指标，可以派生出_____和_____两种。

3. 总量指标按其反映时间状态不同，可分为_____和_____。

4. 能直接反映产品使用价值的指标是_____，具有最广泛综合性能的指标是_____。

5. 相对指标的数值可有_____和_____两种表现形式。

6. 长期计划完成情况的检查分析方法有_____和_____两种。

7. 比较相对指标的数值常用_____表示，强度相对指标则用_____表示。

8. 计划完成程度分析中，计划任务数有_____和_____两种表现形式。

9. 算术平均数、调和平均数和几何平均数称为_____，众数和中位数称为_____。

10. 加权算术平均数的大小受_____和_____两大因素的影响。

五、简答题

1. 简述时期指标与时点指标的区别。
2. 简述强度相对指标与其他相对指标的区别。
3. 简述平均指标的特点和作用。
4. 简述变异指标的概念和作用。
5. 什么是变异系数？变异系数在什么条件下应用？

六、计算题

1. 某工厂 2008 年上半年进货计划执行情况如下表：

材料	单位	全年进货计划	第一季度进货		第二季度进货	
			计划	实际	计划	实际
生铁	吨	2000	500	500	600	618
钢材	吨	1000	250	300	350	300
水泥	吨	5000	100	80	200	180

计算和分析：

（1）各季度进货计划完成程度。
（2）上半年进货计划完成情况。
（3）上半年累积计划进度执行情况。

2. 某厂三个车间一季度生产情况如下表：

车间	计划完成百分比（%）	实际产量（件）	单位产品成本（元/件）
第一车间	90	198	15
第二车间	105	315	10
第三车间	110	220	8

计算：

（1）一季度三个车间产量平均计划完成百分比。

（2）一季度三个车间平均单位产品成本。

3. 某自行车公司下属 20 个企业，2008 年甲种车的单位成本分组资料如下表：

甲种车单位成本（元/辆）	企业数（个）	各组产量占总产量的比重（%）
200—220	5	40
220—240	12	45
240—260	3	15

试计算该公司 2008 年甲种自行车的平均单位成本。

4. 2007 年某月甲、乙两市场某商品价格、销售量和销售额资料如下表：

商品品种	价格（元/件）	甲市场销售量	乙市场销售额（元）
甲	105	700	126000
乙	120	900	96000
丙	137	1100	95900
合计	—	2700	317900

试分别计算该商品在两个市场上的平均价格。

5. 某车间有甲、乙两个生产小组，甲组平均每个工人的日产量为36件，标准差为9.6件；乙组工人日产量资料如下表：

日产量（件）	工人数（人）
10—20	18
20—30	39
30—40	31
40—50	12

计算乙组平均每个工人的日产量，并比较甲、乙两个生产小组哪个组的日产量更有代表性。

6. 有甲、乙两个品种的粮食作物，经播种实验后得知甲品种的平均产量为998斤，标准差为162.7斤；乙品种实验的资料如下表：

亩产量（斤/亩）	播种面积（亩）
900	1.1
950	0.9
1000	0.8
1050	1.2
1100	1.0

试研究两个品种的平均亩产量，以确定哪一品种具有较大稳定性，更有推广价值。

第五章 抽样估计

一、判断题（正确的打"√"，错误的打"×"，并填写在题后的括号中）

1. 从全部总体单位中按照随机原则抽取部分单位组成样本，只可能组成一个样本。（   ）

2. 在抽样推断中，全及指标值是确定的、唯一的，而样本指标值是一个随机变量。（   ）

3. 抽样成数的特点是：样本成数越大，则抽样平均误差越大。（   ）

4. 抽样极限误差可以与抽样平均误差一样大，也可以比它大或比它小。（   ）

5. 从全部总体单位中抽取部分单位构成样本，在相同的样本容量的要求下，重复抽样的样本个数大于不重复抽样的样本个数。（   ）

6. 在抽样推断中，抽样误差的概率度越大，则抽样极限误差就越大于抽样平均误差。（   ）

7. 抽样估计的优良标准有三个，即：抽样估计的无偏性、可靠性和一致性。（   ）

8. 总体参数区间估计必须同时具备三个要素，即：估计值、抽样误差范围和概率保证程度。（   ）

二、单项选择题（下列各题中只有一个答案是正确的，请把正确答案的字母代号填在题后的括号内）

1. 抽样调查的主要目的是（   ）。

  A. 用样本指标来推算总体指标

  B. 对调查单位做深入研究

  C. 计算和控制抽样误差

D. 广泛运用数学方法

2. 抽样调查所必须遵循的基本原则是（　　）。

　　A. 准确性原则　　　　　　B. 随机性原则

　　C. 可靠性原则　　　　　　D. 灵活性原则

3. 按随机原则直接从总体 N 个单位中抽取 n 个单位作为样本，这种抽样组织形式是（　　）。

　　A. 简单随机抽样　　　　　B. 类型抽样

　　C. 等距抽样　　　　　　　D. 整群抽样

4. 事先将总体各单位按某一标志排列，然后依排列顺序和按相同的间隔来抽选调查单位的抽样称为（　　）

　　A. 简单随机抽样　　　　　B. 类型抽样

　　C. 等距抽样　　　　　　　D. 整群抽样

5. 反映样本指标与总体指标之间的平均误差程度的指标是（　　）。

　　A. 抽样误差系数　　　　　B. 概率度

　　C. 抽样平均误差　　　　　D. 抽样极限误差

6. 假定一个拥有1亿人口的大国和一个只有百万人口的小国居民年龄变异程度相同，现在各自用重复抽样方法抽取本国的1%人口计算平均年龄，则平均年龄的抽样平均误差（　　）。

　　A. 不能确定　　　　　　　B. 两者相等

　　C. 前者比后者大　　　　　D. 前者比后者小

7. 在其他条件不变的情况下，提高估计的概率保证程度，其估计的精确程度（　　）。

　　A. 随之扩大　　　　　　　B. 随之缩小

　　C. 保持不变　　　　　　　D. 无法确定

8. 对某种连续生产的产品进行质量检验，要求每隔1小时抽出10分钟的产品进行检验，这种抽查方式是（　　）。

　　A. 简单随机抽样　　　　　B. 类型抽样

  C. 等距抽样   D. 整群抽样

9. 抽样误差是指（   ）。

  A. 调查中所产生的登记性误差

  B. 调查中所产生的系统性误差

  C. 随机性的代表性误差

  D. 计算过程中产生的误差

10. 为了了解某工厂职工家庭收支情况，按该厂职工名册依次每 50 人抽取 1 人，对其家庭进行调查，这种调查属于（   ）。

  A. 简单随机抽样   B. 等距抽样

  C. 类型抽样   D. 整群抽样

三、多项选择题（每小题均有两个及两个以上的正确答案，请将正确答案全部选出并将其字母序号填入题后的括号中）

1. 抽样估计中的抽样误差（   ）。

  A. 是不可避免要产生的

  B. 是可以通过改进调查方式来消除的

  C. 是可以事先计算出来的

  D. 只能在调查结束后才能计算的

  E. 其大小是可以控制的

2. 从全及总体中抽取样本单位的方法有（   ）。

  A. 简单随机抽样   B. 重复抽样

  C. 不重复抽样   D. 等距抽样

  E. 非概率抽样

3. 在抽样推断中，样本单位数的多少取决于（   ）。

  A. 总体标准差的大小   B. 允许误差的大小

  C. 抽样估计的把握程度   D. 总体参数的大小

  E. 抽样方法和组织形式

4. 要增大抽样估计的概率保证程度，可采用的方法是（   ）。

  A. 增加样本容量   B. 缩小抽样误差范围

C. 扩大抽样误差范围　　　D. 提高估计精度

E. 降低估计精度

5. 简单随机抽样（　　）。

A. 适用于总体各单位呈均匀分布的总体

B. 适用于总体各单位标志变异较大的总体

C. 在抽样之前要求对总体各单位加以编号

D. 最符合随机原则

E. 是各种抽样组织形式中最基本、最简单的一种形式

6. 在抽样平均误差一定的条件下，（　　）。

A. 扩大极限误差的范围，可以提高推断的可靠程度

B. 缩小极限误差的范围，可以提高推断的可靠程度

C. 扩大极限误差的范围，只能降低推断的可靠程度

D. 缩小极限误差的范围，只能降低推断的可靠程度

E. 扩大或缩小极限误差范围与推断的可靠程度无关

四、填空题（把正确答案填入每小题的空格内）

1. 抽样推断的主要内容有_____和_____两个方面。

2. _____可以视为总体是非标志（0，1）分布的平均数，其方差为_____。

3. 重复抽样平均误差的大小与_____成反比例关系，又与_____成正比例关系。

4. 重复抽样的样本单位数扩大为原来的4倍，抽样平均误差将_____，如抽样平均误差允许增加一倍，则样本单位数只需抽原来的_____。

5. 抽样极限误差是由_____和_____的乘积所组成。

6. 抽样估计就是利用实际调查计算的_____来估计相应的_____数值。

7. 抽样误差范围决定估计的_____，而概率保证程度

决定估计的_____。

五、简答题

1. 什么是抽样推断？统计抽样推断具有哪些特点？
2. 什么是抽样误差？影响其大小的因素主要有哪些？
3. 参数和统计量之间有何区别？

六、计算题

1. 对一批成品按重复抽样方法抽选 100 件，其中废品 4 件，当概率为 95.45%（$t=2$）时，可否认为这批产品的废品率不超过 6%？

2. 某地区 2008 年随机抽取 100 户农户，测得户均年收入为 13000 元，标准差为 2000 元，其中有 10 户的户均年收入在 16000 元以上，若以 95.45%（$t=2$）的概率保证程度估计：

（1）该地区农户户均年收入的可能范围。

（2）在全部农户中，户均年收入在 16000 元以上的户数所占比重的可能范围。

3. 从一批袋装食品中按简单随机重复抽样方式抽取 50 包检查，结果如下表：

每包重量（克）	90—95	95—100	100—105	105—110
包数	2	3	35	10

要求以 95.45%（$t=2$）的概率估计该批食品重量在 100 克以上的合格率范围。

4. 从某厂生产的一批灯泡中随机重复抽取 100 只，检查结果是：100 只灯泡的平均使用寿命为 1000 小时，标准差为 15 小时。要求：

（1）试以 95.45% 的概率保证程度（$t=2$），推断该批灯泡的平均使用寿命区间。

（2）假定其他条件不变，如果将抽样极限误差减少为原来的 1/2，应抽取多少只灯泡进行检查？

5. 某工厂有 2000 个工人，用简单随机不重复方法抽出 100 个工人作为样本，计算出月平均工资 2560 元，标准差 300 元。

要求：

（1）计算抽样平均误差。

（2）以 95.45%（$t=2$）的可靠性估计该厂工人的月平均工资区间。

第六章 假设检验

一、判断题（正确的打"√"，错误的打"×"，并填写在题后的括号中）

1. 假设检验是统计推断的一项重要内容。（　　）

2. 假设检验可以看成是区间估计中置信区间的另一种表达方式，因此二者所考虑的问题和关心的结论相同。（　　）

3. 当我们所关心的问题是要检验样本平均数和总体平均数，或样本成数与总体成数是否存在显著差异时，要采用单侧检验。（　　）

4. 如果所要检验的是样本所取自的总体参数是否小于某个特定值，应采用右单侧检验。（　　）

5. 总体成数的检验方法与总体平均数的检验方法基本相同，二者的检验方法都是基于正态分布。（　　）

6. 在假设检验中，当接受了未知的不真实状态，把假的当做真的接受了，称为纳伪错误。（　　）

7. 在样本容量不变情况下，想要同时减少两类错误是不可

能的。（　　）

8. 非参数统计检验，是指对总体分布不作任何限制性假设的统计检验方法。（　　）

9. 秩和检验是用来处理成对资料，即用于配对样本场合的。（　　）

二、单项选择题（下列各题中只有一个答案是正确的，请把正确答案的字母代号填在题后的括号内）

1. 企业推广一项新工艺，企业管理者关心的是产品质量是否显著提高，采用的假设检验方法是（　　）。

  A. 双侧检验   B. 单侧检验
  C. 右单侧检验   D. 左单侧检验

2. 在双侧检验中，给定显著水平 α，其临界值为（　　）。

  A. $\pm t_\alpha$ B. t_α
  C. $-t_\alpha$ D. $\pm t_{\frac{\alpha}{2}}$

3. 在双侧检验中，如果实际的 $-t$ 值小于或等于临界值 $-t_{\frac{\alpha}{2}}$，则（　　）。

  A. 拒绝原假设   B. 接受原假设
  C. 拒绝备择假设 D. 不能确定

4. 弃真错误是（　　）。

  A. 否定了不真实的原假设 B. 否定了真实的原假设
  C. 接受了不真实的原假设 D. 接受了真实的原假设

5. 为检验两个独立的样本是否来自具有相同位置特征的总体时，应采用（　　）。

  A. 双侧检验   B. 单侧检验
  C. 符号检验   D. 秩和检验

6. 符号检验属于（　　）的一种。

  A. 参数检验   B. 非参数检验
  C. 单侧检验   D. 秩和检验

综合练习题

三、填空题（把正确答案填入每小题的空格内）

1. 假设检验是利用_____的实际资料来检验事先对某些数量特征所作的假设是否可信的一种统计分析方法。

2. 统计假设检验的目的在于判断原假设的总体和现在实际的总体是否发生了_____。

3. 在假设检验过程中，我们可以依据显著性水平的大小把概率分布划分为两个区间：小于给定概率区间称为_____区间，大于这个标准则称为_____区间。

4. 假设一般包括两部分，即_____和_____。

5. 统计假设检验根据我们所确定的问题性质不同，可分为_____和_____两种类型。

6. 当实际的 t 值大于临界值时，我们有理由拒绝接受____假设，而接受_____假设。

7. 统计假设检验中可能出现的二类错误判断是_____和_____。

8. 符号检验是建立在以"+"或"-"两个差数符号表示_____和_____之间的关系基础上。

9. 进行假设检验时，若总体的分布形式已知，可采用_____检验，若总体分布形式未知，可采用_____检验。

四、简答题

1. 什么是假设检验？假设检验的目的是什么？
2. 假设检验和区间估计的区别和联系是什么？
3. 什么是弃真错误和纳伪错误？两种错误之间存在何种关系？指出同时减少犯两类错误的可能性。

五、计算题

1. 根据统计资料，彩电的无故障工作时间服从正态分布，平均无故障工作时间为 10000 小时，为了提高彩电的质量水平，延长无故障工作时间，生产厂家采取了改进措施，现抽取 100 台改进后生产的彩电，得出平均无故障工作时间为 10900 小时，标准差为 500 小时。在显著性水平 $\alpha = 0.01$ 下，能否据此认为彩电的平均无故障工作时间有显著增加？

2. 已知某市青年的初婚年龄服从正态分布。根据资料显示，该地区平均初婚年龄为 25 岁，为验证这一结论，现抽取 1000 对新婚青年，发现平均年龄为 24.5 岁，标准差为 3 岁，问：在显著性水平 $\alpha = 0.05$ 下，能否认为初婚平均年龄无显著变化？

第七章 相关分析

一、判断题（正确的打"√"，错误的打"×"，并填写在题后的括号中）

1. 负相关指的是因素标志与结果标志的数量变动方向是下降的。（　　）

2. 只有当相关系数接近 +1 时，才能说明两变量之间存在高度相关关系。（　　）

3. 若变量 x 的值增加时，变量 y 的值也增加，说明 x 与 y 之间存在正相关关系；若变量 x 的值减少时，y 变量的值也减少，说明 x 与 y 之间存在负相关关系。（　　）

4. 回归系数和相关系数都可以用来判断现象之间相关的密切程度。（　　）

5. 在任何相关条件下，都可以用相关系数说明变量之间相关的密切程度。（　　）

6. 计算相关系数的两个变量，要求一个是随机变量，另一个是可控制的量。（　　）

7. 完全相关即是函数关系，其相关系数为 ± 1。（　　）

8. 若估计标准误差越大,则回归方程的代表性越大。( )

二、单项选择题(下列各题中只有一个答案是正确的,请把正确答案的字母代号填在题后的括号内)

1. 当自变量的数值确定后,因变量的数值也随之完全确定,这种关系属于( )。

  A. 相关关系   B. 函数关系

  C. 回归关系   D. 随机关系

2. 测定变量之间相关密切程度的代表性指标是( )。

  A. 估计标准误   B. 两个变量的协方差

  C. 相关系数   D. 两个变量的标准差

3. 现象之间线性依存关系的程度越低,则相关系数( )。

  A. 越接近于 -1 B. 越接近于 1

  C. 越接近于 0   D. 在 0.5 和 0.8 之间

4. 若物价上涨,商品的需求量相应减少,则物价与商品需求量之间的关系为( )。

  A. 不相关   B. 负相关

  C. 正相关   D. 复相关

5. 现象之间线性相关关系的程度越高,则相关系数( )。

  A. 越接近于 0   B. 越接近于 1

  C. 越接近于 -1 D. 越接近于 $+1$ 和 -1

6. 能够测定变量之间相关关系密切程度的主要方法是( )。

  A. 相关表   B. 相关图

  C. 相关系数   D. 定性分析

7. 回归分析中的两个变量( )。

  A. 都是随机变量

  B. 关系是对等的

  C. 都是给定的量

  D. 一个是自变量,一个是因变量

8. 当所有的观察值 y 都落在直线 $y_c = a + bx$ 上时，则 x 与 y 之间的相关系数为（　　）。

  A. $r = 0$ B. $|r| = 1$

  C. $-1 < r < 1$ D. $0 < r < 1$

9. 在回归直线方程 $y_c = a + bx$ 中，b 表示（　　）。

  A. 当 x 增加一个单位时，y 增加 a 的数量

  B. 当 y 增加一个单位时，x 增加 b 的数量

  C. 当 x 增加一个单位时，y 的平均增加量

  D. 当 y 增加一个单位时，x 的平均增加量

10. 每 1 吨铸铁成本（元）倚铸件废品率（%）变动的回归方程为：$y_c = 56 + 8x$，这意味着（　　）。

  A. 废品率每增加 1%，成本每吨增加 64 元

  B. 废品率每增加 1%，成本每吨增加 8%

  C. 废品率每增加 1%，成本每吨增加 8 元

  D. 废品率每增加 1%，则每吨成本为 56 元

三、多项选择题（每小题均有两个及两个以上的正确答案，请将正确答案全部选出并将其字母序号填入题后的括号中）

1. 测定现象之间有无相关关系的方法是（　　）。

  A. 对客观现象做定性分析   B. 编制相关表

  C. 绘制相关图   D. 计算相关系数

  E. 计算估计标准误

2. 下列属于负相关的现象是（　　）。

  A. 商品流转的规模愈大，流通费用水平越低

  B. 流通费用率随商品销售额的增加而减少

  C. 国民收入随投资额的增加而增长

  D. 生产单位产品所耗工时随劳动生产率的提高而减少

  E. 某产品产量随工人劳动生产率的提高而增加

3. 设产品的单位成本（元）对产量（百件）的直线回归方程

为 $y_c = 76 - 1.85x$，这表示（　　　）

　　A. 产量每增加 100 件，单位成本平均下降 1.85 元

　　B. 产量每减少 100 件，单位成本平均下降 1.85 元

　　C. 产量与单位成本按相反方向变动

　　D. 产量与单位成本按相同方向变动

　　E. 当产量为 200 件时，单位成本为 72.3 元

四、填空题（把正确答案填入每小题的空格内）

1. 相关分析的研究对象是_____，相关分析的工具是_____。

2. 根据结果标志对因素标志的不同反映，现象总体数量上存在着_____与_____两种类型的依存关系。

3. 相关系数的取值范围是_____，r 为正值时，则称为_____。

4. 正相关的取值范围是_____，负相关的取值范围是_____。

5. 相关密切程度的判断标准中，$0.5 < |r| < 0.8$ 称为_____，$0.8 < |r| < 1$ 称为_____。

6. 有方程 $y_c = 2 + 3x$，当 $x = 5$ 个单位时，$y_c = $_____，当 x 每增加一个单位时，y_c 增加_____。

7. 在回归直线方程 $y_c = a + bx$ 中，回归系数 b 为负数，表明自变量与因变量为____相关。

8. 说明回归方程代表性大小的统计指标是_____，其计算原理与_____基本相同。

五、简答题

1. 什么是相关关系？现象相关关系的种类划分主要有哪些？

2. 相关关系和函数关系的区别是什么？

3. 回归方程中参数 a 和 b 的经济含义是什么？

六、计算题

1. 已知：$n=6$，$\sum x = 21$，$\sum y = 426$，$\sum x^2 = 79$，$\sum y^2 = 30268$，$\sum xy = 1481$。

要求：①计算相关系数；②建立回归方程；③计算估计标准误差。

2. 某地区居 2000—2008 年人均月收入与商品销售额资料如下表：

年　份	人均月收入（元）	商品销售额（亿元）
2000	1000	114
2001	1120	138
2002	1260	244
2003	1300	262
2004	1500	350
2005	1800	460
2006	2100	560
2007	2400	550
2008	2600	620

要求：

（1）以最小平方法求直线回归方程（商品销售额为因变量）。

（2）假定人均月收入为 3000 元时，计算商品销售额。

3. 某企业第二季度产品产量与单位成本资料如下表：

月份	产量（千件）	单位成本（元）
4	3	73
5	4	69
6	5	68

要求：

（1）配合回归方程，指出产量每增加 1000 件时单位成本平均变动多少。

（2）计算产量为 8000—10000 件时，单位成本的区间是多少元。

第八章　指数分析

一、判断题（正确的打"√"，错误的打"×"，并填写在题后的括号中）

1. 分析复杂现象总体的数量变动时，若研究的是数量指标的变动，则选择的同度量因素是数量指标。（　　）

2. 在特定的权数条件下，综合指数与平均指数有变形关系。（　　）

3. 算术平均数指数是通过数量指标个体指数，以基期的价值量指标为权数，进行加权平均得到的。（　　）

4. 在简单现象总量指标的因素分析中，相对量分析一定要用同度量因素，绝对量分析可以不用同度量因素。（　　）

5. 可变指数既包含了各组水平变动对总体平均数的影响，又包含了结构变动对总体平均数的影响。（　　）

6. 设 p 表示价格，q 表示销售量，则 $\sum p_0 q_1 - \sum p_0 q_0$ 表示由于商品价格的变动对商品总销售额的影响。（　　）

7. 总指数有两种计算形式，即个体指数和综合指数。（　　）

8. 如果各种商品价格平均上涨5%，销售量平均下降5%，则销售额指数不变。（   ）

二、单项选择题（下列各题中只有一个答案是正确的，请把正确答案的字母代号填在题后的括号内）

1. 广义上的指数是指（   ）。

    A. 价格变动的相对数

    B. 物量变动的相对数

    C. 表明社会经济现象总体数量变动的相对数

    D. 简单现象总体数量变动的相对数

2. 指数的分类，按指标反映的对象范围可分为（   ）。

    A. 定基指数和环比指数

    B. 数量指标指数和质量指标指数

    C. 个体指数和总指数

    D. 综合指数和平均数指数

3. 数量指标指数和质量指标指数的划分依据是（   ）。

    A. 指标的性质不同

    B. 所反映的对象范围不同

    C. 所比较的现象特征不同

    D. 编制指数的方法不同

4. 编制质量指标指数时，（   ）。

    A. 同度量因素是报告期的数量指标

    B. 同度量因素是基期的数量指标

    C. 同度量因素是报告期的质量指标

    D. 同度量因素是基期的质量指标

5. 综合指数是（   ）。

    A. 两个指标对比的一种相对数

    B. 平均数指数的变形应用

    C. 总指数的基本形式

D. 编制总指数的唯一方法

6. 加权算术平均数指数的特定权数是（　　）。

　　A. $q_1 p_1$　　　　　　　　B. $q_0 p_1$

　　C. $q_1 p_0$　　　　　　　　D. $q_0 p_0$

7. 在由3个指数所组成的指数体系中，两个因素指数的同度量因素通常（　　）。

　　A. 都固定在基期

　　B. 都固定在报告期

　　C. 一个固定在基期，一个固定在报告期

　　D. 采用基期和报告期交叉

8. 某地2004年社会商业零售额为12000万元，2008年增至15600万元，这4年物价上涨了4%，则商业零售量指数为（　　）。

　　A. 130%　　　　　　　　B. 104%

　　C. 80%　　　　　　　　　D. 125%

9. 某造纸厂2008年的产量比2007年增长了13.6%，总成本增长了12.9%，则该厂2008年产品单位成本（　　）。

　　A. 减少0.62%　　　　　　B. 减少5.15%

　　C. 增加12.9%　　　　　　D. 增加1.75%

10. 已知某工厂生产3种产品，在掌握其基期、报告期生产费用和个体产量指数时，编制3种产品的产量总指数应采用（　　）。

　　A. 加权调和平均数指数　　B. 加权算术平均数指数

　　C. 数量指标综合指数　　　D. 质量指标综合指数

三、多项选择题（每小题均有两个及两个以上的正确答案，请将正确答案全部选出并将其字母序号填入题后的括号中）

1. 属于质量指标指数的是（　　）。

　　A. 商品零售量指数　　　　B. 商品零售额指数

　　C. 商品零售价格指数　　　D. 职工劳动生产率指数

E. 产品单位成本指数
2. 属于数量指标指数的有（　　）。
　　A. 工业总产值指数　　　B. 劳动生产率指数
　　C. 职工人数指数　　　　D. 产品总成本指数
　　E. 产品单位成本指数
3. 编制综合指数的一般原则是（　　）。
　　A. 质量指标指数以报告期的数量指标作为同度量因素
　　B. 质量指标指数以基期的数量指标作为同度量因素
　　C. 数量指标指数以基期的数量指标作为同度量因素
　　D. 数量指标指数以基期质量指标作为同度量因素
　　E. 视具体情况而定
4. 下面哪些指数式是综合指数？（　　）

　　A. $\dfrac{\sum q_1 p_0}{\sum q_0 p_0}$　　　　B. $\dfrac{\sum q_1 p_1}{\sum \dfrac{1}{k} q_1 p_1}$

　　C. $\dfrac{\sum q_1 p_1}{\sum q_1 p_0}$　　　　D. $\dfrac{\sum q_0 p_0}{\sum q_0 p_0}$

　　E. $\dfrac{\sum q_1 p_1}{\sum q_1} \div \dfrac{\sum q_1 p_0}{\sum q_1}$

5. 对某商店某时期商品销售额变动情况分析，其指数体系包括（　　）。
　　A. 销售量指数　　　　　B. 销售价格指数
　　C. 总平均价格指数　　　D. 销售额指数
　　E. 个体指数
6. 进行平均指标变动的因素分析应编制的指数有（　　）。
　　A. 算术平均数指数　　　B. 调和平均数指数
　　C. 可变构成指数　　　　D. 固定构成指数
　　E. 结构变动影响指数

四、填空题（把正确答案填入每小题的空格内）

1. 统计指数按其反映的对象范围不同，分为_____和_____两类。
2. 统计总指数的计算形式有_____和_____。
3. 一般来说，算术平均数指数是以_____为权数计算的，调和平均数指数是以_____为权数计算的。
4. 平均指数有独立应用的意义，它的计算形式有_____和_____两种。
5. 统计指数两因素分析主要有_____和_____两方面的分析。

五、简答题

1. 什么是统计指数？统计指数的分类主要有哪些？
2. 在统计指数编制中，如何理解同度量因素的含义和时期的确定？
3. 平均指数的基本含义和计算形式是什么？

六、计算题

1. 某商店三种商品销售资料如下表：

商品名称	计量单位	销售量		价格（元）	
		基期	报告期	基期	报告期
甲	公斤	300	360	0.42	0.45
乙	件	200	200	0.30	0.36
丙	袋	1400	1600	0.20	0.28

试从相对数和绝对数两方面，分析该商店报告期比基期三种

商品销售额的增长情况,并分析其中由于销售量及价格变动的影响。

2. 已知两种商品的销售资料如下表:

品名	单位	销售额(万元)		2008年比2007年销售量增长(%)
		2007年	2008年	
毛衣	件	5000	8880	23
皮鞋	双	4500	4200	7
合计	—	9500	13080	—

要求:
①计算销售量总指数。
②计算由于销售量变动所增加的销售额。

3. 已知某工厂2007年生产的3种产品资料如下表:

产品名称	计算单位	产量	单位成本(元)	个体成本指数提高百分比(%)
甲	件	200	50	5
乙	台	400	200	10
丙	吨	1000	100	20

要求:
(1) 计算三种产品单位成本总指数。
(2) 分析由于单位成本变动对总生产费用变动造成的影响。

4. 某市2000年社会商品零售额200000万元,2005年增加为584550万元。这5年中零售物价指数提高了75%。试计算零售量指数,并分析零售量和零售物价两因素变动对零售总额变动的影响的绝对值。

5. 现有某企业工人数和月工资水平资料如下表：

工人组别	工人数（人）		工资水平	
	基期 f_0	报告期 f_1	基期 x_0	报告期 x_1
技术人员	15	12	3500	3600
管理人员	30	25	2000	2050
普通员工	300	350	1200	1220

要求：

（1）计算平均工资指数。

（2）分析平均工资总变动中，工人数变动以及工资水平变动的影响程度和影响绝对值。

第九章　动态数列分析

一、判断题（正确的打"√"，或错误的打"×"，并填写在题后的括号中）

1. 在各种动态数列中，指标值的大小都受到指标所反映的时期长短的制约。（　　）

2. 定基发展速度反映了现象在一定时期内发展的总速度，环比发展速度反映了现象与前一期相比发展程度。（　　）

3. 若逐期增长量每年相等，则其各年的环比发展速度是年年下降的。（　　）

4. 动态数列是由不同时间上的一系列统计指标按时间先后顺序排列形成的。（　　）

5. 平均增长速度不是根据各期环比增长速度直接求得的，

而是根据平均发展速度计算的。（　　）

6. 用几何平均法计算的平均发展速度只取决于最初发展水平和最末发展水平，与中间各期发展水平无关。（　　）

7. 呈直线趋势的时间数列，其各期环比发展速度大致相同。（　　）

8. 计算平均发展速度有两种方法，即几何平均法和方程式法，这两种方法是根据分析目的不同划分的。（　　）

9. 学生按考试成绩分组形成的数列是时点数列。（　　）

10. 增长量与基期发展水平指标对比，得到的是发展速度指标。（　　）

二、单项选择题（下列各题中只有一个答案是正确的，请把正确答案的字母代号填在题后的括号内）

1. 动态数列中的派生数列是（　　）。

  A. 时期数列和时点数列

  B. 总量指标动态数列和相对指标动态数列

  C. 总量指标动态数列和平均指标动态数列

  D. 相对指标动态数列和平均指标动态数列

2. 下列数列中，哪一个属于动态数列？（　　）

  A. 学生按学习成绩分组形成的数列

  B. 工业企业按地区分组形成的数列

  C. 职工按工资水平高低排列形成的数列

  D. 出口额按时间先后顺序排列形成的数列

3. 已知某企业1月、2月、3月、4月的平均职工人数分别为190人、195人、193人和201人。则该企业一季度的平均职工人数的计算方法为（　　）。

  A. $\dfrac{190+195+193+201}{4}$

  B. $\dfrac{190+195+193}{3}$

C. $\dfrac{190/2 + 195 + 193 + 201/2}{4 - 1}$

D. $\dfrac{190/2 + 195 + 193 + 201/2}{4}$

4. 已知各期环比增长速度为 2%、5%、8% 和 7%，则相应的定基增长速度的计算方法为（　　）。

　　A.（102%×105%×108%×107%）-100%

　　B. 102%×105%×108%×107%

　　C. 2%×5%×8%×7%

　　D.（2%×5%×8%×7%）-100%

5. 平均发展速度是（　　）。

　　A. 定基发展速度的算术平均数

　　B. 环比发展速度的算术平均数

　　C. 环比发展速度的几何平均数

　　D. 增长速度加上 100%

6. 若要观察现象在某一段时期内变动的基本趋势，需测定现象的（　　）。

　　A. 季节变动　　　　　　B. 循环变动

　　C. 长期趋势　　　　　　D. 不规则变动

7. 定基增长速度与环比增长速度的关系是（　　）。

　　A. 定基增长速度是环比增长速度的连乘积

　　B. 定基增长速度是环比增长速度之和

　　C. 各环比增长速度加 1 后的连乘积减 1

　　D. 各环比增长速度减 1 后的连乘积减 1

8. 平均增长速度是（　　）。

　　A. 环比增长速度的算术平均数

　　B. 总增长速度的算术平均数

　　C. 平均发展速度减去 100%

　　D. 环比发展速度的序时平均数

9. 间隔不等的时点数列求序时平均数的公式是（　　）。

A. $\bar{a} = \dfrac{\left(\dfrac{a_1+a_2}{2}\right)f_1 + \left(\dfrac{a_2+a_3}{2}\right)f_2 + \cdots + \left(\dfrac{a_{n-1}+a_n}{2}\right)f_n}{\sum f}$

B. $\bar{a} = \dfrac{\sum a}{n}$

C. $\bar{a} = \dfrac{\sum af}{\sum f}$

D. $\bar{a} = \dfrac{\dfrac{a_1}{2} + a_2 + a_3 + \cdots + \dfrac{a_n}{2}}{n-1}$

10. 设 2001—2005 年各年的环比增长速度为 6%、7%、8%、9% 和 10%，则平均增长速度为（　　）。

A. $\sqrt[5]{6\% \times 7\% \times 8\% \times 9\% \times 10\%}$
B. $\sqrt[5]{106\% \times 107\% \times 108\% \times 109\% \times 110\%}$
C. $\sqrt[5]{106\% + 107\% + 108\% + 109\% + 110\%}$
D. $\sqrt[5]{106\% \times 107\% \times 108\% \times 109\% \times 110\%} - 100\%$

11. 假定某产品产量 2008 年比 2003 年增加了 35%，则 2008 年比 2003 年的平均发展速度为（　　）。

A. $\sqrt[5]{35\%}$ B. $\sqrt[5]{135\%}$
C. $\sqrt[6]{35\%}$ D. $\sqrt[6]{135\%}$

12. 增长 1% 的绝对值是（　　）。

A. 水平指标 B. 速度指标
C. 水平与速度相结合的指标 D. 什么也不是

三、多项选择题（每小题均有两个及两个以上的正确答案，请将正确答案全部选出并将其字母序号填入题后的括号中）

1. 下面哪几项是时期数列？（　　）

A. 我国近几年来的耕地总面积

B. 我国历年新增人口数

C. 我国历年图书出版量

D. 我国历年黄金储备

E. 某地区国有企业历年资金利税率

2. 定基发展速度和环比发展速度的关系是（   ）。

A. 两者都属于速度指标

B. 相应环比发展速度的连乘积等于定基发展速度

C. 相应定基发展速度的连乘积等于环比发展速度

D. 相邻两个定基发展速度之商等于相应的环比发展速度

E. 相邻两个环比发展速度之商等于相应的定基发展速度

3. 累积增长量与逐期增长量，（   ）。

A. 前者基期水平不变，后者基期水平总在变动

B. 二者存在关系式：逐期增长量之和 = 累积增长量

C. 相邻的两个逐期增长量之差等于相应的累积增长量

D. 根据这两个增长量都可以计算较长时期内的平均每期增长量

E. 这两个增长量都属于速度分析指标

4. 下列哪些属于序时平均数？（   ）

A. 一季度平均每月的职工人数

B. 某产品产量某年各月的平均增长量

C. 某企业职工第四季度人均产值

D. 某商场职工某年月平均人均销售额

E. 某地区连续几年出口商品贸易额平均增长速度

5. 下列属于时点数列的是（   ）。

A. 历年旅客周转量   B. 某工厂每年设备台数

C. 历年商品销售量   D. 历年牲畜存栏数

E. 某银行储户存款余额

6. 时期数列的特点有（　　）。
   A. 数列中各个指标数值不能直接相加
   B. 数列中各个指标数值可以直接相加
   C. 数列中每一个指标数值大小与其时间长短无直接关系
   D. 数列中每一个指标数值的大小与其时间长短有直接关系
   E. 数列中每个指标数值，通常是通过连续不断登记而取得的

四、填空题（把正确答案填入每小题的空格内）

1. 总量指标动态数列按其所反映的时间状况不同，可分为_____数列和_____数列两种。

2. 各年末商品库存量是_____数列，各年的基建投资额是_____数列。

3. 社会经济现象发展的动态分析主要包括_____和_____两部分。

4. 静态平均数是根据_____计算的，序时平均数则是根据_____计算的。

5. 时间间隔相等的时期数列计算序时平均数时应采用_____，时间间隔相等的时点数列计算序时平均数时应采用_____。

6. 各项环比发展速度的_____等于定基发展速度，累积增长量等于各项逐期增长量的_____。

7. 实际统计工作中计算平均发展速度的方法有_____和_____两种。

8. 计算季节比率通常有_____和_____两种方法。

五、简答题

1. 什么是时期数列和时点数列？两者有何特点？

2. 动态数列的基本构成和编制原则是什么？

3. 序时平均数和一般平均数有何不同？

4. 由相对指标（或平均指标）动态数列计算序时平均数的基本原理是什么？

5. 计算平均发展速度的几何平均法和方程式法有什么不同？

六、计算题

1. 已知某地区各月月初人口数资料如下表：

月份	1	2	3	4	5	6	7	次年1月
人口数（万人）	22.0	20.6	24.2	26.4	25.0	26.0	27.0	27.6

要求：计算上半年、下半年和全年平均人数。

2. 某地区税务局2008年各季度税收计划完成程度资料如下表：

季 度	一季度	二季度	三季度	四季度
税收计划数（万元）	4300	4480	4800	5000
计划完成（%）	120	125	150	150

请计算2008年税收计划的平均完成程度。

3. 某企业2009年4月份几次工人数变动登记如下表：

4月1日	4月11日	4月16日	5月1日
1210	1240	1300	1270

试计算该企业4月份平均工人数。

4. 某企业 2008 年各月初记录在册的工人数如下表：

月（份）	1	2	4	6	9	12
在册工人数	326	330	335	408	414	412

另知 12 月 31 日的人数为 412 人，试计算 2008 年该企业平均工人数。

5. 某工厂 2008 年上半年工人数和工业总产值资料如下表：

月 份	月初工人数（人）	总产值（万元）
1	1850	2500
2	2050	2720
3	1950	2710
4	2150	3230
5	2216	3740
6	2190	3730

另外，7 月初工人数为 2250 人。

根据上述资料计算：

（1）上半年平均工人数。

（2）上半年月平均总产值。

（3）上半年月平均劳动生产率。

（4）上半年劳动生产率。

6. 现有某地区社会商品零售总额发展情况如下表：

年份	2000	2001	2002	2003	2004	2005
社会商品零售总额（亿元）	8255	9398	10894	12237	16053	20598

要求计算:

(1) 逐期和累积增长量、全期平均增长量。

(2) 定基和环比的发展速度。

(3) 定基和环比的增长速度。

(4) 年平均发展速度和增长速度。

7. 已知 2000 年某省国民收入生产额为 14300 亿元,若以平均每年增长 5% 的速度发展,到 2010 年国民收入生产额将达到什么水平?

8. 某地区 6 年的自行车销售量资料如下表:

年　份	2001	2002	2003	2004	2005	2006
销售量(万辆)	10.6	14.4	19.2	25.8	34.2	46.4

请用最小平方方法配合直线趋势方程,并预测第 7 年的自行车销售量。

第十章　统计的综合分析与评价

一、判断题(正确的打"√",错误的打"×",并填写在题后的括号中)

1. 统计综合分析的综合性是指在分析过程中综合运用多种分析方法。(　　)

2. 综合国力评价的关键是确定构成综合国力的基本要素。(　　)

3. 动态比较是同一时间,不同总体间的数量比较。(　　)

二、填空题(把正确答案填入每小题的空格内)

1. 统计比较根据比较的方式不同分为_____ 和_____

_____；根据说明的对象范围不同分为_____和_____
_____。

2. 常用的国际统计比较方法有_____和_____
____。

3. 综合评价的常用方法有_____、_____和
_____。

三、简答题

1. 统计综合分析有什么特点？

2. 什么是综合国力？什么是综合国力评价？综合国力评价的关键是什么？

四、计算题

某电视机厂用问卷调查的形式请 1000 名消费者对该厂生产的电视机质量进行评价（采用百分法），所选择的评价指标及评分结果资料如下表：

评价指标	得 分 数					平均得分	权 数
	100 分	80 分	60 分	40 分	20 分		
清晰度	500	200	200	50	50	81	0.4
耗电量	400	250	200	100	50	71	0.4
抗震能力	100	500	200	100	100	68	0.2

计算该厂电视机质量的综合平均得分。

综合练习题参考答案

第一章 统计总论

一、判断题

1. √ 2. × 3. × 4. × 5. × 6. √ 7. √ 8. √ 9. × 10. √

二、单项选择题

1. C 2. D 3. B 4. C 5. B 6. D 7. B 8. B 9. B 10. B 11. A 12. B

三、多项选择题

1. ABE 2. ABCDE 3. BCE 4. ABC 5. BCE 6. BCE 7. BCD

四、填空题

1. 统计活动与统计成果　统计实践与统计理论

2. 大量性　复杂性

3. 统计总体　总体单位

4. 品质标志　数量标志

5. 可量性　综合性

6. 统计总体　数量标志

7. 统计标志　统计指标

8. 离散变量　连续变量

9. 数量指标　质量指标

10. 基本统计指标体系　专题统计指标体系

五、简答题（要点提示）

1. 如何认识统计总体和总体单位的关系？

统计总体是根据一定的目的要求所确定的研究事物的全体，它是由客观存在的、具有某种共同性质的许多个别事物构成的整体。总体单位是构成总体的个体单位，它是总体的基本单位。

统计总体和总体单位所指的具体内容不是固定不变的，而是随着研究目的的不同而变化：统计总体可以变为总体单位，总体单位可以变为统计总体。

2. 品质标志和数量标志有什么区别？

品质标志表明单位属性方面的特征，只能用文字加以表现；数量标志表明单位数量方面的特征，可以用数量多少来表现。

3. 简述统计指标与统计标志的区别。

统计指标与统计标志的区别表现为：

（1）指标和标志的概念不同。标志是说明总体单位属性的，一般不具有综合的特征；而指标是说明总体的综合数量特征的，具有综合的性质。

（2）统计指标分为数量指标和质量指标，它们都可以用数量来表示；而标志分为数量标志和品质标志，数量标志可以用数量来表示，但品质标志只能用文字表示。

4. 简述数量指标和质量指标的含义及关系。

数量指标是反映社会经济现象发展总规模、总水平或工作总量的统计指标，用绝对数表示。例如人口总数、国民生产总值等。质量指标是反映社会经济现象发展相对水平或工作质量的统计指标，用相对数或平均数表示。例如单位产品成本、人均国民生产总值等。

两者的关系表现为：它们从不同角度反映总体的综合数量特

征。数量指标是计算质量指标的基础，而质量指标往往是相应的数量指标进行对比的结果。

第二章　统计调查

一、判断题

1. ×　2. ×　3. √　4. √　5. ×　6. ×　7. √　8. √　9. ×　10. √

二、单项选择题

1. A　2. B　3. B　4. A　5. D　6. B　7. B　8. B　9. B　10. A

三、多项选择题

1. ABCDE　2. AB　3. ABE　4. BDE　5. BCDE　6. BCE

四、填空题

1. 准确性　及时性
2. 被研究总体的范围　调查登记时间是否连续
3. 调查单位　报告单位
4. 各种单台生产设备　工业企业
5. 调查时间　调查时限
6. 登记性误差　代表性误差

五、简答题（要点提示）

1. 完整的统计调查方案应包括哪些内容？

应包括：确定调查目的；确定调查对象和调查单位；确定调

查内容；拟定调查表；确定调查时间和调查期限；确定调查的组织和实施计划。

2. 调查对象、调查单位和填报单位有何区别？

调查对象是应搜集其资料的许多单位的总体；调查单位是构成调查对象的每一个单位，它是进行登记的标志的承担者；报告单位也叫填报单位，它是提交调查资料的单位，一般是基层企事业组织。

3. 简述抽样调查的优越性和作用。

抽样调查方法的优越性包括经济性、时效性、准确性和灵活性。

抽样调查的作用表现为：能够解决全面调查无法或很难解决的问题；可以补充和订正全面调查的结果；可以应用于生产过程中产品质量的检查和控制；可以用于对总体的某种假设进行检验。

第三章　统计整理

一、判断题

1. √　　2. ×　　3. ×　　4. √　　5. √　　6. √　　7. ×　　8. ×　　9. √　　10. ×

二、单项选择题

1. A　　2. B　　3. A　　4. B　　5. B　　6. B　　7. A　　8. D　　9. C　　10. A

三、多项选择题

1. ADE　　2. ACD　　3. ACE　　4. ABE　　5. CDE　　6. ACD　　7. ACD　　8. ACDE　　9. BCDE

四、填空题

1. 标志值　指标值
2. 品质分组　变量分组
3. 简单分组　复合分组
4. 单项式分组　组距式分组
5. 统计分组　各组单位数
6. 品质分配数列　变量分配数列
7. 频数　频率
8. 各组频率大于零　各组频率之和等于1（或100%）

五、简答题（要点提示）

1. 为什么说统计分组的关键在于分组标志的选择？

统计分组是根据统计研究任务的要求和现象总体的内在特点，把统计总体按照某一标志划分为若干性质不同而又有联系的几个部分。而分组标志是作为现象总体划分各个不同性质的组的标准或根据，选择得正确与否，关系到能否正确反映总体的性质特征、实现统计研究的目的任务。所以，统计分组的关键在于分组标志的选择和分组界限的确定。

2. 简述变量分组的种类及应用条件。

按数量标志分组，称为变量分组，包括单项式分组和组距式分组。按数量标志分组，其变量有两种类型，即离散变量和连续变量。在分组时，离散变量如果变动幅度小，分组可以选择单项式分组。如果离散变量的变动幅度较大，分组应该选择组距式分组。而连续变量由于无法逐一列举其数值，其分组只能用组距式分组。

3. 单项式分组和组距式分组分别在什么情况下运用？

根据数量标志分组时，其变量有两种类型，即离散变量和连续变量。根据离散变量和连续变量的特征,在分组时,离散变量如果变动幅度小,则进行单项式分组。如果离散变量的变动幅度很大,则应进行组距式分组;而连续变量由于无法一一列举其数值,则分组时应进行组距式分组。

4. 什么是统计分组?统计分组可以进行哪些分类?

根据统计研究任务的要求和现象总体的内在特点,把统计总体按照某一标志划分为若干个性质不同又有联系的几个部分,称为统计分组。

统计分组按任务和作用的不同,分为类型分组、结构分组和分析分组;按分组标志的多少,分为简单分组和复合分组;按分组标志的性质不同,分为品质分组和变量分组。

5. 什么是统计分布?它包括哪两个要素?

在统计分组的基础上,把所有单位按组归并排列,形成总体中各个单位在各组间的分布,称为统计分布。

统计分布包括两个要素:一是总体按某标志分的组;二是各组所占有的单位数。

六、计算题(参考答案,计算过程略)

1. 分配数列如下表:

看管台数(台)	人数(人)
2	6
3	7
4	11
5	2
6	1
合计	27

2. (1) 40 名学生成绩的统计分布表如下:

按学生成绩分组（分）	学生人数（人）	各组学生人数占总人数比重（％）
60 以下	4	10.0
60—70	6	15.0
70—80	12	30.0
80—90	15	37.5
90—100	3	7.5
合　计	40	100.0

（2）分组标志为"成绩"，其类型是数量标志。

分组方法是变量分组中的组距分组，而且是开口式分组。该班学生的考试成绩的分布呈两头小，中间大的正态分布形态。

第四章　综合指标

一、判断题

1．× 2．× 3．√ 4．× 5．× 6．√ 7．× 8．× 9．√ 10．×

二、单项选择题

1．B 2．B 3．B 4．B 5．C 6．B 7．B 8．C 9．B 10．C 11．A 12．D

三、多项选择题

1．ABC 2．DE 3．ADE 4．CE 5．ACE 6．ACDE 7．ACD 8．ABCD

四、填空题

1．总体单位总量　总体标志总量

2. 相对指标　平均指标

3. 时期指标　时点指标

4. 实物指标　价值指标

5. 有名数　无名数

6. 累计法　水平法

7. 百分数或倍数　复名数

8. 绝对数　相对数

9. 数值平均数　位置平均数

10. 标志值　次数

五、简答题（要点提示）

1. 简述时期指标与时点指标的区别。

时点指标与时期指标的区别有三点：①时期指标是反映现象在一段时间发展变化的结果的总量指标，时点指标是反映现象在某一时刻状况上的总量指标；②时期指标的数值可以累计相加，时点指标则不能；③时期指标的数值与时期的长短有直接关系，而时点指标则没有。

2. 简述强度相对指标与其他相对指标的区别。

强度相对指标和其他相对指标根本不同的特点，就在于它不是同类现象指标的对比。强度相对指标的计算结果主要是用有名数表示，而其他相对指标则用无名数表示；当计算某些强度相对指标时，由于分子和分母的互换，有正逆指标之分，而其他相对指标则无此情况。

3. 简述平均指标的特点和作用。

平均指标的特点表现为：①把总体各单位标志值的差异抽象化了；②平均指标是一个代表值，代表总体各单位标志值的一般水平。

平均指标的作用主要表现在：①它可以反映总体各单位变量

分布的集中趋势；②可以用来比较同类现象在不同单位的发展水平，以说明生产水平、经济效益或工作质量的差距；③可用来分析现象之间的依存关系。

4. 简述变异指标的概念和作用。

变异指标又称为标志变动度，是综合反映现象总体中各单位标志值变异程度的指标。变异指标的作用表现为：反映总体各单位标志值分布的离中趋势；可以说明平均指标的代表性程度；说明现象变动的均匀性或稳定性程度。

5. 什么是变异系数？变异系数在什么条件下应用？

变异系数是以相对数形式表示的变异指标。它是通过变异指标中的全距、平均差或标准差与平均指标对比得到的。常用的是标准差系数。

变异系数的应用条件：由于全距、平均差和标准差都是绝对指标，其数值的大小不仅受到各单位标志值差异程度的影响，而且受到总体单位标志值本身水平高低的影响。所以，在对比不同水平的变量数列之间标志值的变异程度时，为了消除数列水平高低的影响，就必须计算变异系数。

六、计算题（参考答案，计算过程略）

1. 计算结果列表如下：

材料	单位	第一季度进货计划完成（％）	第二季度进货计划完成（％）	上半年进货计划完成（％）	上半年累计计划执行进度（％）
生铁	吨	100	103	101.6	55.9
钢材	吨	120	85.7	100	60
水泥	吨	80	90	86.7	52

2.

（1）产量平均计划完成百分比为 101.81%。

（2）平均单位成本为 10.75（元/件）。

3. 平均单位成本 225（元/辆）。

4. 该商品在甲市场的平均价格为 123.04（元/件）；在乙市场的平均价格为 117.74（元/件）。

5. 乙小组的平均日产量为 28.7 件，乙小组的标准差为 9.13 件，变异系数为 0.318；甲小组的变异系数为 0.267。因为 0.318 > 0.267，所以甲小组工人的平均日产量更具有代表性。

6. 乙品种的平均亩产为 1001 斤，标准差为 72.45 斤，变异系数为 7.24%；甲品种的变异系数为 16.3%；故乙品种具有较好的稳定性，有推广价值。

第五章 抽样估计

一、判断题

1. × 2. √ 3. × 4. √ 5. √ 6. √ 7. × 8. √

二、单项选择题

1. A 2. B 3. A 4. C 5. C 6. D 7. B 8. D 9. C 10. B

三、多项选择题

1. ACE 2. BC 3. ABCE 4. ACE 5. ACDE 6. AD

四、填空题

1. 参数估计 假设检验
2. 成数 P $P(1-P)$ 或 PQ

3. 样本单位数　标准差

4. 缩小一半　1/4

5. 抽样平均误差　概率度

6. 样本指标值　总体指标

7. 准确性　可靠性

五、简答题（要点提示）

1. 什么是抽样推断？统计抽样推断具有哪些特点？

抽样推断是在抽样调查的基础上，利用样本的实际资料计算样本指标，并据此推算总体相应数量特征的一种统计分析方法。统计抽样推断具有如下特点：

（1）它是由部分推算总体的一种方法。

（2）它是建立在随机取样的基础上的。

（3）它是运用概率估计的方法。

（4）它的误差可以事先计算并加以控制。

2. 什么是抽样误差？影响其大小的因素主要有哪些？

抽样误差指由于随机抽样的偶然因素使样本各单位的结构不足以代表总体各单位的结构，而引起抽样指标和全及指标之间的绝对离差。

影响因素主要有：总体各单位标志值的差异程度；样本的单位数；抽样方法；抽样调查的组织形式。

3. 参数和统计量之间有何区别？

参数是由全及总体各单位的标志值或标志属性决定的指标值，是总体变量的函数；统计量是根据样本各单位标志值或标志属性计算的综合指标，是样本变量的函数，用来估计总体参数的，与总体参数相对应。

六、计算题（参考答案，计算过程略）

1. 废品率为 0.1% — 7.9%，不能认为废品率不超过 6%。

2. （1） 年收入的可能范围为 12600—13400 元之间。

   （2） 年收入在 16000 元以上的户数的比率区间为 4%—16%。

3. 合格率范围在 81.52%—98.48% 之间。

4. （1） 灯泡平均使用寿命区间为 997—1003 小时。

   （2） 应抽 400 只灯泡。

5. （1） 抽样平均误差为 29.24 元。

   （2） 该厂工人的月平均工资区间为 2501.52—2618.48 元。

第六章　假设检验

一、判断题

1. √　2. ×　3. ×　4. ×　5. ×　6. √　7. √　8. √　9. ×

二、单项选择题

1. C　2. D　3. A　4. B　5. D　6. B

三、填空题

1. 样本

2. 显著性差异

3. 拒绝　接受

4. 原假设　备择假设

5. 双侧检验　单侧检验

6. 原假设　备择

7. 弃真错误　纳伪错误

8. 样本数据　假设参数值

9. 参数假设　非参数假设

四、简答题（要点提示）

1. 什么是假设检验？假设检验的目的是什么？

假设检验是抽样推断的一项重要内容，是利用样本的实际资料来检验事先对总体某些数量特征所作的假设是否可信的一种统计分析方法。检验的目的在于判断原假设的总体和现在实际的总体是否发生了显著差异。

2. 假设检验和区间估计的区别和联系是什么？

假设检验可以看成是区间估计中置信区间的另一种表达方式。置信区间可看做是所有可能接受的假设的集合。区间估计实际上是一定的概率保证程度下利用样本资料计算得到的关于总体参数可能存在的范围，而假设检验是利用样本资料所含信息，判断差异是否显著。

3. 什么是弃真错误和纳伪错误？两种错误之间存在何种关系？指出同时减少犯两类错误的可能性。

当我们把真实的原假设当成假的加以拒绝时，称为第一类错误，也称弃真错误，犯第一类错误的概率就是显著性水平大小；当我们把不真实的原假设当做真的加以接受时，称为第二类错误，也称纳伪错误，犯第二类错误的概率是不确定的。在检验决策时，我们当然希望所有的原假设都能做到接受，所有的不真实假设都被拒绝，做到既降低犯第一类错误的可能性，也减少犯第二类错误的概率水平，但事实上两类错误是一对矛盾，因此，在样本容量不变的情况下，要想同时减少两类错误是不可能的，只有通过扩大样本容量的办法才能同时减少犯两类错误的可能性。

五、计算题（参考答案，计算过程略）

1. $H_0: M = 10000; H_1: M \neq 10000$，因 $t = 18 > t_{0.01} = 2.32$ 拒绝原假设，接受备择假设，认为彩电的平均无故障工作时间显著增加。

2. $H_0: M = 25; H_1: M \neq 25$，因 $t = -5.26 < -t_{\frac{0.05}{2}} = -1.96$ 拒绝原假设，接受备择假设，认为某市青年的初婚平均年龄有显著

变化。

第七章 相关分析

一、判断题

1. × 2. × 3. × 4. × 5. × 6. × 7. √ 8. ×

二、单项选择题

1. B 2. C 3. C 4. B 5. D 6. C 7. D 8. B 9. C 10. C

三、多项选择题

1. ABCD 2. ABD 3. ACE

四、填空题

1. 相关关系 函数关系
2. 相关关系 函数关系
3. $-1 \leq r \leq +1$ 正相关
4. $0 < r \leq +1$ $-1 \leq r < 0$
5. 显著相关 高度相关
6. 17 3
7. 负
8. 估计标准误差 标准差

五、简答题（要点提示）

1. 什么是相关关系？现象相关关系的种类划分主要有哪些？

相关关系是一种不完全确定的随机关系，因素标志的每个数值都可能有若干个结果标志的数值与之相适应。现象相关关系的种类划分主要有：

（1）按相关的程度不同，可分为完全相关、不完全相关和不相关。

（2）按相关的方向，可分为正相关和负相关。

（3）按相关的形式，可分为线性相关和非线性相关。

（4）按影响因素的多少，可分为单相关和复相关。

2. 相关关系和函数关系的区别是什么？

相关关系指的是变量之间在数量上确实存在着不确定的依存关系，其关系不是唯一确定的；而函数关系的关系值是唯一确定的值，即给出自变量一个值时，因变量只有一个唯一确定的数值与之相适应。

3. 回归直线方程中参数 a 和 b 的经济含义是什么？

回归直线方程中待定参数 a 代表直线的起点值，在数学上称为直线的纵轴截距，b 代表自变量增加一个单位时因变量的平均增加值，数学上称为斜率，也称为回归系数。

六、计算题（参考答案，计算过程略）

1. （1）相关系数 $r = -0.91$。

（2）回归方程 $y_c = 77.37 - 1.82x$。

（3）估计标准误差 $s_{yx} = 0.97$。

2. （1）回归方程 $y_c = -169.74 + 0.32x$。

（2）人均月收入为 3000 元时，商品销售额为 790.26 亿元。

3. （1）单位成本倚产量的直线回归方程为 $y_c = 80 - 2.5x$。产量每增加 1000 件时，单位成本平均下降 2.50 元。

（2）当产量为 8000—10000 件时，单位成本的区间为 60—55 元。

第八章　指数分析

一、判断题

1. ×　2. √　3. √　4. ×　5. √　6. ×　7. ×　8. ×

二、单项选择题

1. C　2. C　3. A　4. A　5. C　6. D　7. C
8. D　9. A　10. B

三、多项选择题

1. CDE　2. ACD　3. AD　4. AC　5. ABD
6. CDE

四、填空题

1. 个体指数　总指数
2. 综合指数　平均指数
3. 基期总值指标　报告期总值指标
4. 算术平均数指数　调和平均数指数
5. 总量指标　平均指标

五、简答题（要点提示）

1. 什么是统计指数？统计指数的分类主要有哪些？

统计指数是指反映复杂现象总体数量变动的相对数。统计指数的分类主要有：

（1）按其所反映的对象范围不同，分为个体指数和总指数。

（2）按其所表明的指标性质的不同，分为数量指标指数和质量指标指数。

（3）按所采用基期的不同，分为定基指数和环比指数。

2. 在统计指数编制中，如何理解同度量因素的含义和时期的确定？

在统计指数编制中，能使不同度量单位的现象总体转化为数量上可以加总的综合指标的媒介因素，称为同度量因素。

一般情况下，数量指标综合指数编制时，应以相应的基期的质量指标为同度量因素；而质量指标综合指数编制时，应以相应的报告期的数量指标为同度量因素。

3. 平均指数的基本含义和计算形式是什么？

平均指数是从个体指数出发来编制总指数的，即先计算出各种产品或商品的数量指标或质量指标的个体指数，然后进行加权平均计算，来测定现象的总变动程度。平均指数的计算形式为算术平均数指数和调和平均数指数。

六、计算题（参考答案，计算过程略）

1. 销售量受销售量和价格的影响情况可表示为：

$$146.35\% = 113.99\% \times 128.39\%$$
$$216（万元）= 65.2（万元）+ 150.8（万元）$$

2. （1）销售量指数为 115.42%。

（2）增加的销售额为 1465 万元。

3. （1）单位成本总指数为 114.75%。

（2）总生产费用增加 24415.59 元。

4. （1）零售量指数为 167.01%。

（2）由于零售量增加而增加的零售总额为 134028.57 万元。

（3）由于零售价格提高而增加的零售总额为 250521.43 万元。

5. （1）平均工资指数为 98.38%。

（2）平均工资总变动分析：

$$98.38\% = 96.6\% \times 101.84\%$$

−22.14（元） = −46.56（元） + 24.42（元）

第九章 动态数列分析

一、判断题

1. ×   2. √   3. √   4. ×   5. √   6. √   7. ×   8. √
9. ×   10. ×

二、单项选择题

1. D   2. D   3. B   4. A   5. C   6. C   7. C
8. C   9. A   10. D   11. B   12. C

三、多项选择题

1. BC   2. ABD   3. ABDE   4. ABDE   5. BDE   6. BDE

四、填空题

1. 时期 时点

2. 时点 时期

3. 水平分析 速度分析

4. 变量数列 动态数列

5. 简单算术平均法 首末折半法

6. 连乘积 之和

7. 几何平均法 方程式法

8. 按月（季）平均法 趋势剔除法

五、简答题（要点提示）

1. 什么是时期数列和时点数列？两者有何特点？

时期数列是指由时期指标构成的数列，即数列中每一指标值都反映某现象在一段时间内发展过程的总量。其特点表现为：数值可以连续累计；各个指标值可以直接相加；指标值大小与时期长短有关。

时点数列是指由时点指标构成的数列，即数列中的每一指标值反映的是现象在某一时刻上的总量。其特点表现为：数值不能连续累计；各指标值不能直接相加；指标值的大小与时期长短无关。

2. 动态数列的基本构成和编制原则是什么？

动态数列是由相互配对的两个数列构成的，一是反映时间顺序变化的数列；二是反映各个时间指标值变化的数列。

编制原则：时间长短应该前后一致；总体范围应该一致；计算方法应该统一；经济内容应该统一。

3. 序时平均数和一般平均数有何不同？

序时平均数是根据动态数列计算的，所平均的是现象总体在不同时期上的数量表现，从动态上说明起在某一时期内发展的一般水平。

一般平均数是根据变量数列计算的，它是将现象总体各单位同一时间的变量值差异抽象化，用以反映总体在具体条件下的一般水平。

4. 由相对指标（或平均指标）动态数列计算序时平均数的基本原理是什么？

相对指标（或平均指标）动态数列是由相互联系的两个总量指标动态数列对比所构成。计算时要先求得这两个总量指标动态数列的序时平均数，然后进行对比，求出相对指标（或平均指标）动态数列的序时平均数。

5. 计算平均发展速度的几何平均法和方程式法有什么不同？

几何平均法和方程式法的主要不同是：前者侧重于考察最末一年的发展水平，按这种方法所确定的平均发展速度，推算最末一年发展水平,等于最末一年的实际水平;后者则侧重于考察全期各年发展水平的总和,按这种方法所确定的平均发展速度,推算全期各年发展水平的总和与各年实际水平总数一样。

六、计算题(参考答案,计算过程略)

1. 上半年平均人数为 24.45 万人,下半年平均人数为 27.3 万人,全年平均人数为 25.86 万人。

2. 2008 年税收计划的平均完成程度为 137%。

3. 4 月份平均工人数为 1260 人。

4. 2008 年该企业平均工人数为 385 人。

5. (1) 上半年平均工人数 2100 人。

   (2) 上半年月平均总产值为 3105 万元。

   (3) 上半年月平均劳动生产率为 14785 元/人。

   (4) 上半年劳动生产率为 88714 元/人。

6. (1) 逐期和累积增长量的计算(略),平均增长量为 2468.6 亿元。

   (2)(3)的计算结果(略)。

   (4) 年平均发展速度为 120%,年平均增长速度为 20%。

7. 2010 年国民收入生产额为 23293.2 亿元。

8. 直线趋势方程为 $y_c = 0.6 + 7t$。

$t=7$ 时,自行车的销售量为 49.6 万辆。

第十章 统计的综合分析与评价

一、判断题

1. √   2. √   3. ×

二、填空题

1. 相对比较 相差比较 单项比较 综合比较
2. 汇率法 购买力评价法
3. 综合评分法 功效系数法 平均指数法

三、简答题（要点提示）

1. 统计综合分析有什么特点？

其特点表现在两个方面：

（1）从数量入手，分析研究各种社会经济现象之间的数量对比关系，从而发现并提出问题及建议是统计综合分析的最重要的特点。

（2）在分析过程中，综合运用多种分析方法是其另一特点。统计综合分析的对象不是个别的事物和个别的现象，而是某种社会经济现象的总体，是大量社会经济现象的综合特征，因此，不能只运用一种分析方法，而必须综合运用多种分析方法，以达到从多个方面对客观现象的全面理解。

2. 什么是综合国力？什么是综合国力评价？综合国力评价的关键是什么？

综合国力是一个主权国家在一个时期内所拥有的各种力量的有机总和。综合国力评价则是运用统计综合评价方法从宏观角度对一个国家的总体实力在定性分析的基础上进行定量分析的一项统计研究工作。其关键是确定构成综合国力的基本因素，一般包括物质要素和精神要素；其次是综合国力各项具体指标及整个指标体系计算方法的选择。

四、计算题（参考答案，计算过程略）

该厂电视机质量的综合平均得分为 76.8 分。

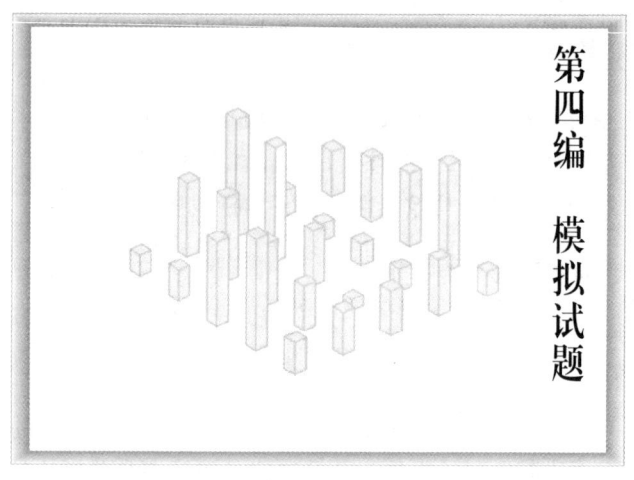

本部分提供了两种分数分布有所区别的自测题（模拟试题Ⅰ、Ⅱ是一种类型，Ⅲ、Ⅳ是另一种类型），要求在90分钟之内完成。旨在给学生提供一个自测的机会，用以了解本课程考试的特点，检测自我学习的效果。

模拟试题Ⅰ

一、判断题（正确的打"√"，错误的打"×"，并填在题后括号里。每题2分，共10分）

1. "统计"一词包含统计工作、统计资料、统计学等三种含义。（　　）

2. 在实际调查中，调查对象中的每个单位既是调查单位也是填报单位。（　　）

3. 统计分组的关键是选择分组标志和划分各组界限。（　　）

4. 标志变异指标数值越大，说明总体中各单位标志值的变异程度就越大，则平均指标的代表性就越小。（　　）

5. 环比增长速度的连乘积等于相应年份的定基增长速度。

(　　)

二、单项选择题（在备选答案中，选择一个正确答案，并将答案题号填入题后的括号内。每题 2 分，共 12 分）

1. 几位学生的某门课成绩分别是 67 分、78 分、88 分、89 分、96 分，则"67 分、78 分、88 分、89 分、96 分"是（　　）。

　　A. 品质标志　　　　　　B. 数量标志
　　C. 标志值　　　　　　　D. 数量指标

2. 调查时限是指（　　）。

　　A. 调查资料所属的时间　　B. 进行调查工作的期限
　　C. 调查工作登记的时间　　D. 调查资料的报送时间

3. 在生产过程中，对产品的质量检查和控制应采用（　　）。

　　A. 普查的方法　　　　　　B. 重点调查的方法
　　C. 典型调查的方法　　　　D. 抽样调查的方法

4. 计算平均指标最常用的方法和最基本的形式是（　　）

　　A. 中位数　　　　　　　　B. 众数
　　C. 调和平均数　　　　　　D. 算术平均数

5. 抽样平均误差与抽样极限误差相比（　　）

　　A. 抽样平均误差一定大于抽样极限误差
　　B. 抽样平均误差一定小于抽样极限误差
　　C. 抽样平均误差可能大于也可能小于抽样极限误差
　　D. 抽样平均误差一定等于抽样极限误差

6. 能测定变量之间相关关系密切程度的主要方法是（　　）。

　　A. 相关表　　　　　　　　B. 相关图
　　C. 相关系数　　　　　　　D. 定性分析

三、多项选择题（在备选答案中选择两个或两个以上正确答案，并将答案字母序号填入题后的括号内。每题 2 分，共 8 分）

1. 社会经济统计学研究对象的特点可以概括为（　　）。

A. 社会性 　　　　　　B. 大量性
C. 总体性 　　　　　　D. 同质性
E. 变异性

2. 下列指标，属于总量指标的有（　　　）。

A. 人口总数 　　　　　B. 商业网点密度
C. 产品库存量 　　　　D. 进出口总量
E. 每人平均国民生产总值

3. 下列指数中，哪些属于质量指标指数？（　　　）

A. 单位产品成本指数 　B. 商品价格指数
C. 工资水平指数 　　　D. 商品销售额指数
E. 全社会零售商品价格指数

4. 下列哪些属于序时平均数？（　　　）

A. 一季度平均每月的职工人数
B. 某产品产量某年各月的平均增长量
C. 某企业职工第四季度人均产值
D. 某商场职工某年月平均人均销售额
E. 某地区连续几年出口商品贸易额平均增长速度

四、简答题（每题 10 分，共 20 分）

1. 什么是统计分组？变量分组的目的是什么？
2. 时期数列和时点数列有哪些不同的特点？

五、计算题（写出公式、计算过程，结果保留两位小数。共 50 分）

1. 某厂三个车间一季度生产情况如下：

第一车间实际产量为 198 件，完成计划 90%；第二车间实际产量为 315 件，完成计划 105%；第三车间实际产量为 220 件，完成计划 110%。另外，一车间平均单位成本为 15 元/件；二车间平均单位成本为 10 元/件；三车间平均单位成本为 8 元/件。

求:(1) 一季度三个车间产量平均计划完成程度。

(2) 一季度三个车间平均单位成本。　　(15分)

2. 某地区2007年随机抽取100户农户,测得户均月收入为3000元,标准差为400元,其中有10户的户均月收入在6000元以上,若以95.45%的概率保证程度,试估计:

(1) 该地区农户户均月收入的可能范围。

(2) 在全部农户中,户均月收入在6000元以上的户数所占比重的可能范围。(15分)

3. 某企业生产甲、乙、丙三种产品,2006年和2007年其产品产量和单位成本资料如下表:

产品	产量（件）		单位成本（元）	
	2006年	2007年	2006年	2007年
甲	2000	2200	10.5	10
乙	5000	6000	6.0	5.5
丙	4000	4500	12	12

(1) 计算三种产品总成本指数及总成本变动绝对额。

(2) 计算三种产品产量总指数及由于产量变动影响总成本的绝对额。　　(20分)

模拟试题 II

一、判断题（正确的打"√",错误的打"×",并填在题后的括号里。每题2分,共10分）

1. 标志通常分为品质标志和数量标志两种。(　　)

2. 调查单位和填报单位在任何情况下都不可能一致。(　　)

3. 按数量标志分组的目的,就是要区别各组在数量上的差别。(   )

4. 抽样极限误差总是大于抽样平均误差。(   )

5. (甲)某产品产量与单位成本的相关系数是 0.8;(乙)产品单位成本与利润的相关系数是 -0.95;因此,(乙)比(甲)的相关程度高。(   )

二、单项选择题(在备选答案中,选择一个正确答案,并将答案题号填入题后的括号内。每 2 分,共 12 分)

1. 社会经济统计学的研究对象是社会经济现象总体的(   )。

  A. 数量特征和客观规律　　B. 数量特征和数量关系

  C. 数量关系和认识客体　　D. 数量关系和研究方法

2. 调查某市全部工业企业设备状况,则调查单位是(   )。

  A. 全部工业企业　　　　　B. 每一个工业企业

  C. 每一台设备　　　　　　D. 设备台数

3. 统计分组的关键在于(   )。

  A. 分组标志的正确选择　　B. 分组形式

  C. 平均指标　　　　　　　D. 变异指标

4. 统计整理的直接成果,并作为统计分析基础的综合指标是(   )。

  A. 质量指标　　　　　　　B. 总量指标

  C. 相对指标　　　　　　　D. 平均指标

5. 如果计划任务数是五年计划中规定最后一年应达到的水平,则计算计划完成程度相对指标可采用(   )。

  A. 累计法　　　　　　　　B. 水平法

  C. 简单平均法　　　　　　D. 加权平均法

6. 某地 2004 年社会商业零售额为 12000 万元,2008 年增至 15600 万元,这 4 年物价上涨了 4%,则商业零售量指数为(   )。

A. 130%   B. 104%
C. 80%   D. 125%

三、多项选择题（在备选答案中选择两个及两个以上的正确答案，并将答案字母序号填入题后括号内。每题 2 分，共 8 分）

1. 统计研究运用着各种的专门方法，包括（   ）。
   A. 大量观察法   B. 统计分组法
   C. 综合指标法   D. 统计模型法
   E. 归纳推断法

2. 下列属于强度相对指标的是（   ）
   A. 某市医院病床数与该市人口数之比
   B. 某市人口数与该市土地面积数之比
   C. 我国国民收入与我国人口数之比
   D. 我国男性人口数与全国人口数之比
   E. 甲地区工业总产值与乙地区工业总产值之比

3. 从全及总体中抽取样本单位的方法有（   ）。
   A. 简单随机抽样   B. 重复抽样
   C. 不重复抽样   D. 概率抽样
   E. 非概率抽样

4. 累积增长量与逐期增长量，（   ）。
   A. 前者基期水平不变，后者基期水平总在变动
   B. 二者存在关系式：逐期增长量之和 = 累积增长量
   C. 相邻的两个逐期增长量之差等于相应的累积增长量
   D. 根据这两个增长量都可以计算较长时期内的平均每期增长量
   E. 这两个增长量都属于速度分析指标

四、简答题（每题 10 分，共 20 分）

1. 简述品质标志与数量标志的区别并举例说明。

2. 在统计指数编制中，如何理解同度量因素的含义和时期的确定？

五、计算题（写出公式、计算过程，结果保留两位小数。共 50 分）

1. 某班 40 名学生统计学考试成绩分别为：

57 89 49 84 86 87 75 73 72 68 75 82 97 81
67 81 54 79 87 95 76 71 60 90 65 76 72 70
86 85 89 89 64 57 83 81 78 87 72 61

学校规定：60 分以下为不及格，60—70 分为及格，70—80 分为中，80—90 分为良，90—100 分为优。要求：

（1）将该班学生分为不及格、及格、中、良、优五组，编制一张次数分配表。

（2）根据次数分配表，计算该班学生统计的平均成绩。(20 分)

2. 某厂家为了解消费者对本厂新推出的化妆品的喜欢程度，随机抽取了 600 名消费者进行调查，结果发现喜欢该化妆品的有 210 人。以 95.45% 的概率保证程度来估计消费者中喜欢这一化妆品的比率区范围。($t=2$) （15 分）

3. 已知下列资料：

月份	3	4	5	6
月末工人数（人）	200	200	220	220
总产量（万元）	110	126	146	163

计算：（1）第二季度平均月产值；

（2）第二季度月平均人数；

（3）第二季度月人均产值。(15 分)

模拟试题 Ⅲ

一、判断题（正确的打"√"，错误的打"×"，并填入题后的括号中。每小题 2 分，共 20 分）

1. 社会经济统计的研究对象是社会经济现象总体的数量方面。（   ）

2. 在全国人口普查中，全国人口是统计总体，每个人是总体单位。（   ）

3. 对我国主要粮食作物产区进行调查，以掌握全国主要粮食作物生长的基本情况，这种调查是典型调查。（   ）

4. 组中值是根据各组上限和下限计算的平均值，所以它代表了每一组的平均数。（   ）

5. 同一总体的一部分数值与另一部分数值对比得到的相对指标是比较相对指标。（   ）

6. 标志变异指标数值越大，说明总体中各单位标志值的变异程度越大，则平均指标的代表性越大。（   ）

7. 抽样推断的目的是，通过对部分单位的调查，来取得样本的各项指标。（   ）

8. 若变量 x 的值增加时，变量 y 的值也增加，说明 x 与 y 之间存在正相关关系；若变量 x 的值减少时，变量 y 的值也减少，说明 x 与 y 之间存在负相关关系。（   ）

9. 如果各种商品价格平均上涨 5%，销售量平均下降 5%，则销售额指数不变。（   ）

10. 动态数列是由反映某种记录的一系列统计数据按时间先后顺序排列形成的。（   ）

二、单项选择题（在备选答案中选择一个正确答案，并将答案序号填入题后的括号内。每小题 2 分，共 20 分）

1. 离散变量可以（　　）。

   A. 被无限分割，无法一一列举

   B. 按一定次序一一列举，通常取整数

   C. 用相对数表示

   D. 用平均数表示

2. 某市工业企业 2005 年生产经营成果年报呈报时间规定在 2006 年 1 月 31 日，则调查期限为（　　）。

   A. 一日　　　　　　B. 一个月

   C. 一年　　　　　　D. 一年零一个月

3. 次数分配数列是（　　）

   A. 按数量标志分组形成的数列

   B. 按品质标志分组形成的数列

   C. 按统计指标分组所形成的数列

   D. 按数量标志和品质标志分组所形成的数列

4. 某企业的总产值计划比去年提高 11%，执行结果提高 13%，则总产值计划完成提高程度为（　　）

   A. 13%—11%　　　　B. $\dfrac{113\%}{111\%}$

   C. $\dfrac{113\%}{111\%} - 100\%$　　D. $\dfrac{111\%}{113\%} - 100\%$

5. 简单算术平均数和加权算术平均数在计算结果上相同，是因为（　　）。

   A. 权数不等　　　　B. 权数相等

   C. 变量值相同　　　D. 变量值不同

6. 按随机原则直接从总体 N 个单位中抽取 n 个单位作为样本，这种抽样组织形式是（　　）。

   A. 简单随机抽样　　B. 类型抽样

   C. 等距抽样　　　　D. 整群抽样

7. 测定变量之间相关密切程度的代表性指标是（　　）。

A. 估计标准误 B. 两个变量的协方差
C. 相关系数 D. 两个变量的标准差

8. 某企业的职工工资水平比上年提高 5%，职工人数增加 2%，则企业工资总额增长（　　）。

A. 10% B. 7.1%
C. 7% D. 11%

9. 已知各期环比增长速度为 2%、5%、8% 和 7%，则相应的定基增长速度的计算方法为（　　）。

A. (102% ×105% ×108% ×107%) －100%

B. 102% ×105% ×108% ×107%

C. 2% ×5% ×8% ×7%

D. (2% ×5% ×8% ×7%) －100%

10. 平均增长速度是（　　）。

A. 环比增长速度的算术平均数

B. 总增长速度的算术平均数

C. 平均发展速度减去 100%

D. 环比发展速度的序时平均数

三、多项选择题（在备选答案中选择两个或两个以上的正确答案，并将答案字母序号填入题后的括号内。每小题 2 分，共 8 分）

1. 国家统计系统的功能或统计的职能有（　　）。

A. 信息职能 B. 咨询职能
C. 监督职能 D. 决策职能
E. 协调职能

2. 调查单位是（　　）。

A. 需要调查的社会经济现象的总体

B. 需要调查的社会经济现象总体的个体

C. 调查项目的承担者

D. 负责报告调查结果的单位

E. 调查对象所包含的具体单位

3. 抽样推断的特点是（　　）。

　　A. 由部分认识总体的一种认识方法

　　B. 建立在随机取样的基础上

　　C. 抽样推断是运用概率估计的方法

　　D. 可以计算出抽样误差，但不能对其进行控制

　　E. 既能计算出抽样误差，又能对其进行控制

4. 属于数量指标指数的有（　　）。

　　A. 工业总产值指数　　　　B. 劳动生产率指数

　　C. 职工人数指数　　　　　D. 产品总成本指数

　　E. 产品单位成本指数

四、简答题（每小题6分，共12分）

1. 简述统计指标与统计标志的区别。
2. 简述时期指标与时点指标的区别。

五、计算题（共40分）

1. 某车间乙组工人日产量资料如下：

日产量（件）	工人数（人）
10—20	18
20—30	39
30—40	31
40—50	12

计算乙组平均每个工人的日产量和标准差。　　　　（15分）

2. 研究某种新式时装的销路,在市场上随机对 500 名成年人进行调查,结果有 340 名喜欢该新式时装,要求以 95.45%($t = 2$)的概率保证程度,估计该市成年人喜欢该新式时装的比率区间。 (10 分)

3. 某企业第一季度产品产量与单位成本资料如下表:

月份	产量(千件)	单位成本(元)
1	3	73
2	4	69
3	5	68

要求:建立直线回归方程,指出产量每增加 1000 件时单位成本平均变动多少? (15 分)

模拟试题 Ⅳ

一、判断题(正确的打"√",错误的打"×",并填入题后的括号中。每小题 2 分,共 20 分)

1. 社会经济统计的研究对象是社会经济现象总体的各个方面。( )

2. 在全国人口普查中,全国人口总数是统计总体,每个人是总体单位。( )

3. 对我国主要粮食作物产区进行调查,以掌握全国主要粮食作物生长的基本情况,这种调查是重点调查。( )

4. 连续型变量和离散型变量在进行组距式分组时,均可采用相邻组组距重叠的方法确定组限。( )

5. 某年甲、乙两地社会商品零售额之比为 1:3,这是一个比例相对指标。( )

6. 标志变异指标数值越小，说明总体中各单位标志值的变异程度就越小，则平均指标的代表性就越大。（   ）

7. 在抽样推断中，抽样误差的概率度越大，则抽样极限误差就越大于抽样平均误差。（   ）

8. 负相关指的是因素标志与结果标志的数量变动方向是下降的。（   ）

9. 在实际应用中，计算价格综合指数，需要采用基期数量指标为同度量因素。（   ）

10. 计算平均发展速度有两种方法，即几何平均法和方程式法。（   ）

二、单项选择题（在备选答案中选择一个正确答案，并将答案序号填入题后的括号内。每小题 2 分，共 20 分）

1. 构成总体的个别事物称为（   ）。
   A. 调查总体   B. 标志值
   C. 品质标志   D. 总体单位

2. 对一批商品进行质量检验，最适宜采用的方法是（   ）。
   A. 全面调查   B. 抽样调查
   C. 典型调查   D. 重点调查

3. 次数分配数列是（   ）
   A. 按数量标志分组形成的数列
   B. 按品质标志分组形成的数列
   C. 按统计指标分组所形成的数列
   D. 按数量标志和品质标志分组所形成的数列

4. 计算结构相对指标时，各部分比重之和（   ）。
   A. 小于 100%   B. 大于 100%
   C. 等于 100%   D. 小于或大于 100%

5. 简单算术平均数和加权算术平均数在计算结果上相同，是因为（   ）。

A. 权数不等　　B. 权数相等
C. 变量值相同　　D. 变量值不同

6. 计算平均指标最常用的方法和最基本的形式是（　　）。

A. 中位数　　B. 众数
C. 算术平均数　　D. 调和平均数

7. 按随机原则直接从总体 N 个单位中抽取 n 个单位作为样本，这种抽样组织形式是（　　）。

A. 简单随机抽样　　B. 类型抽样
C. 等距抽样　　D. 整群抽样

8. 相关系数的取值范围是（　　）。

A. $0 \leqslant r \leqslant 1$　　B. $-1 < r < 1$
C. $-1 \leqslant r \leqslant 1$　　D. $-1 \leqslant r \leqslant 0$

9. 某企业的职工工资水平比上年提高 5%，职工人数增加 2%，则企业工资总额增长（　　）。

A. 10%　　B. 7.1%
C. 7%　　D. 11%

10. 根据时期数列计算序时平均数应采用（　　）。

A. 几何平均法　　B. 加权算术平均法
C. 简单算术平均法　　D. 首末折半法

三、多项选择题（在备选答案中选择两个或两个以上的正确答案，并将答案字母序号填入题后的括号内。每小题 2 分，共 8 分）

1. 我国统计调查的方法有（　　）。

A. 统计报表　　B. 普查
C. 抽样调查　　D. 重点调查
E. 典型调查

2. 统计表按主词是否分组及分组的程度，可分为（　　）。

A. 简单表　　B. 一览表
C. 分组表　　D. 复合表

E. 单一表
3. 在抽样推断中，样本单位数的多少取决于（　　）。
　　A. 总体标准差的大小
　　B. 允许误差的大小
　　C. 抽样估计的把握程度
　　D. 总体参数的大小
　　E. 抽样方法和组织形式
4. 属于质量指标指数的有（　　）。
　　A. 工业总产值指数　　B. 劳动生产率指数
　　C. 职工人数指数　　　D. 产品总成本指数
　　E. 产品单位成本指数

四、简答题（每小题6分，共12分）

1. 一个完整的统计调查方案应包括哪些主要内容？
2. 什么是统计指数？统计指数的分类主要有哪些？

五、计算题（共40分）

1. 某班的《统计学原理》考试的成绩分组资料如下表：

按成绩分组（分）	学生人数（人）
60以下	2
60—70	6
70—80	25
80—90	12
90—100	5

　　计算该班学生的平均成绩。　　　　（15分）

2. 某企业生产一种新的电子元件，用简单随机重复抽样方法抽取100只做耐用时间试验，测试结果，平均寿命6000小时，

标准差 300 小时，试在 95.45%（$t=2$）概率保证下，估计这种新电子元件的平均寿命区间。　　　（15 分）

3. 某商店 2008 年各月商品库存额资料如下表：

月　份	1	2	3	4	5	6
月初库存额（万元）	60	55	48	43	40	50

又知 7 月初的商品库存额为 50 万元。试计算上半年的月平均商品库存额。　　　（10 分）

模拟试题参考答案

模拟试题Ⅰ答案

一、判断题

1. √ 2. × 3. × 4. √ 5. ×

二、单项选择题

1. C 2. B 3. D 4. D 5. C 6. C

三、多项选择题

1. ACE   2. ACD   3. ABE   4. ABD

四、简答题（要点提示）

1. 什么是统计分组？变量分组的目的是什么？

根据统计研究任务的要求和现象总体的内在特点，把统计总体按照某一标志划分为若干个性质不同但又有联系的几个部分，称为统计分组。

变量分组也就是按数量标志分组，即选择反映事物数量差异的数量标志作为分组标志进行分组，确定各组在数量上的差别，并通过数量上的变化来区分各组的不同类型和性质。

2. 时期数列和时点数列有哪些不同的特点？

（答案可参见第三编综合练习题参考答案）

五、计算题

1. （1）103.08%；

   （2）10.75（元/件）。

2. (1) 2920元 ≤ $\bar{x}$ ≤ 3080元；
   (2) 4% ≤ P ≤ 16%。
3. (1) 110.1%、10000（元）；
   (2) 114.24%、14100（元）。

模拟试题Ⅱ答案

一、判断题

1. √   2. ×   3. ×   4. ×   5. √

二、单项选择题

1. B   2. C   3. A   4. B   5. B   6. D

三、多项选择题

1. ABCDE   2. ABC   3. BC   4. ABDE

四、简答题

1. 简述品质标志与数量标志的区别并举例说明。

品质标志表明单位属性方面的特征，只能用文字加以表现；数量标志表明单位数量方面的特征，可以用数量多少来表现。如人的性别是品质标志，要说明其特征，只能用文字"男"、"女"来加以表现；而人的"年龄"为数量标志，要说明总体单位的具体情况，只能用数值加以表现，如20岁、30岁等。

2. 在统计指数编制中，如何理解同度量因素的含义和时期的确定？

（答案可参见第三编综合练习题参考答案）

五、计算题

1. （1）40名学生成绩的统计分布如下表：

学生按成绩分组（分）	学生人数（人）	各级学生人数占总人数的比重（%）
60 以下	4	10.0
60—70	6	15.0
70—80	12	30.0
80—90	15	37.5
90—100	3	7.5
合　计	40	100.0

（2）学生的平均成绩76.75分。

2. $31.2\% \leq p \leq 38.89\%$。

3. （1）145万元。

　　（2）210人。

　　（3）6904.76元。

模拟试题Ⅲ答案

一、判断题

1. √　2. √　3. ×　4. √　5. ×　6. ×　7. ×　8. ×　9. ×　10. √

二、单项选择题

1. B　2. B　3. D　4. C　5. B　6. A　7. C　8. B　9. A　10. C

三、多项选择题

1. ABC　2. BCE　3. ABCE　4. ACD

四、简答题

1. 简述统计指标与统计标志的区别。

统计指标与标志的区别表现为：

（1）指标和标志的概念不同。标志是说明总体单位属性的，一般不具有综合的特征；而指标是说明总体的综合数量特征的，具有综合的性质。

（2）统计指标分为数量指标和质量指标，它们都可以用数量来表示；而标志分为数量标志和品质标志，数量标志可以用数量来表示，但品质标志只能用文字表示。

2. 简述时期指标与时点指标的区别。

时期指标与时点指标的区别在于：

（1）时期指标的指标值具有连续性，而时点指标的指标值不具有连续性。

（2）时期指标的指标值可以累计相加，而时点指标的指标值不能累计相加。

（3）时期指标指标值的大小与所包括的时期长短有直接的关系，而时点指标指标值的大小与时间间隔长短无直接关系。

五、计算题

1. 列出计算表如下：

日产量（件）	工人数（人）	xf	$(x-\bar{x})^2 f$
10—20	18	270	3378.42
20—30	39	975	533.91
30—40	31	1085	1230.39
40—50	12	540	3188.28
合计	100	2870	8331

乙小组的平均日产量28.7件，标准差是9.13件。

2. 该市成年人喜欢该新式时装的比率区间为63.8%—

72.2%。

3. 所求的直线回归方程为 $y_c = 80 - 2.5x$，即产量每增加 1000 件时，单位成本平均下降 2.50 元。

模拟试题 Ⅳ 答案

一、判断题

1. ×　2. ×　3. √　4. √　5. ×　6. √　7. √　8. ×　9. ×　10. √

二、单项选择题

1. D　2. B　3. D　4. C　5. B　6. C　7. A　8. C　9. B　10. C

三、多项选择题

1. ABCDE　2. ACD　3. ABC　4. BE

四、简答题

1. 一个完整的统计调查方案应包括哪些主要内容？

一个完整的统计调查方案必须包括以下内容：确定调查项目；确定调查对象和调查单位；确定调查项目；拟定调查表；确定调查时间和时限；确定调查的组织和实施计划。

2. 什么是统计指数？统计指数的分类主要有哪些？

统计指数是指反映复杂现象总体数量变动的相对数。统计指数的分类主要有：

（1）按其所反映的对象范围不同，分为个体指数和总指数。

（2）按其所表明的指标性质的不同，分为数量指标指数和质量指标指数。

（3）按所采用基期的不同，分为定基指数和环比指数。

五、计算题

1. 该班学生的平均成绩为 77.4 分。
2. 这种新电子元件的平均寿命区间为 5940—6060 小时。
3. 该商店上半年月平均商品库存额为 48.5 万元。